中公新書
ラクレ
1

「中央公論」編集部編

論争・中流崩壊

中央公論新社

目次

II

論争・中流崩壊

「論争」を交通整理する

『中央公論』編集部

東大に入っても……

最近、電車の中で中学生がこんな会話を交わしていました。

「頑張って東大に入れたとしても、親が土地を持っている奴らにはどうせかなわない」

「そうだ。人生ってばからしいよな」

おそらく進学校の生徒たちだったのでしょう。まだ幼さの残る顔と老成した諦観とのギャップに強烈な印象を受け、彼らのため息をどのように理解すればよいのだろうか、と考え始めました。

《「東大に入る」ことは実力でのし上がることの象徴として考えられてきたが、「親が土地を持っている」かどうか、つまり生まれついた親の資産によって子ども世代の将来が決まってしまうとすれば、戦後日本を支えてきた「頑張れば上に上がれる」という感覚が、今や大きく崩れ去ってしまったのではないか》

後日、本書にも登場する和田秀樹氏から同じような話を聞きおよび、驚くとともに確信を強めました。

そこで、この問題意識を世に問うべく、『中央公論』は二〇〇〇年五月号で「『中流』崩壊」を特集しました。これが思いもかけぬ大反響を呼ぶことになりました。

面白いことに、『文藝春秋』もたまたま同じ五月号で「〈衝撃レポート〉新・階級社会ニッポン」という記事を掲載し、以後「中流が崩壊してしまったのではないか」あるいは「新しい階級社会が到来するのか」という論議が新聞・雑誌を賑わせたことは記憶に新しいところです。本書が「論争」と銘打っているように、それはまさしく議論百出でした。

それもそのはず。この問題は「一億総中流」と言われてきた日本社会にあっては、だれにとっても自分自身に関わるテーマでありながら、しかし、だれしも自分自身を客観的に見つめることは困難という普遍の真理もそこに横たわっていたのです。

そこで、まず、議論の過程を時系列的に追うことによって、百家争鳴の観のあるこの論争の交通整理をしてみる必要があります。以下、二十世紀末の日本で大きな盛り上がりを見せた中流崩壊論争とは、どんな流れだったのかを概観し、同時に本書を構成する論文を簡単に紹介します。

論争の系譜——一九九八～二〇〇〇年

「日本は、所得分配の平等度をみると一九八〇年代から不平等が拡大しており、ヨーロッパの大国並みの不平等国に転落した」と主張する橘木俊詔氏（京都大学経済研究所教授）の著書『日本の経済格差—所得と資産から考える』（岩波新書）が一九九八年に出版されるや、大きな反響を呼びました。同書は第三九回エコノミスト賞を受賞しています。この本が、「中流崩壊論争」の火付け役になったと言ってよいでしょう。その後、同書は、大竹文雄氏（大阪大学経済学部助教授）らによる批判を受けています。橘木氏の「『結果の不平等』をどこまで認めるか」は、こうした批判に応えながら、具体的な福祉国家政策のありようにまで踏み込んだ論考です。大竹氏の「『中流層の崩壊』は根拠乏しい」は、一般向けにもっともわかりやすい橘木説批判となっています。

この橘木氏の分析が経済学からの問題提起であるのに対して、社会学者からＳＳＭ調査（社会階層と社会移動全国調査）に基づいた議論が公にされました。この調査は、一九五五年以来、一〇年おきに日本全国の二十～六十九歳の人を対象に、その職業キャリア、学歴、社会的地位、さらには両親の職業や学歴など、階層にかかわるさまざまなデータを集めたもので、この豊富なデータを用いて、一九九九年に原純輔氏（東北大学文学部教授）と盛山和夫氏（東京大学文学部教授）とが共著で『社会階層―豊かさの中の不平等』（東京大学出版会）を著しました。この著書は不平等の拡大はなかったことを結論づけています。

しかし、同じ九九年ごろに火のついたもう一つの論争、「学力低下問題」の先鞭をつけた苅谷剛彦氏（東京大学大学院教育学研究科教授）が、教育社会学の見地から「学力の低下しまず子供たちの親の学歴は低い」ことを実証することになります。学歴の高い親たちは、ますます子供たちに教育投資を続けており、その格差は学習意欲や興味・関心にもひろがっているものでした（『中流崩壊』に手を貸す教育改革」）。

こうした議論を受けて、二〇〇〇年には、先ほども触れたように『中央公論』と『文藝春秋』の五月号が同時にこのテーマを特集し、各新聞の「論壇時評」も一斉にフォローしました。そして、この『中央公論』の特集において「『新中間大衆』誕生から二〇年」を発表した佐藤俊樹氏（東京大学大学院総合文化研究科助教授）の『不平等社会日本』（中公新書）が刊行されると、三ヵ月でたちまち八万部を越えるベストセラーになり、「中流崩壊論争」はいっそうの盛り上がりを見せることになりました。

佐藤氏の著書は、原氏と盛山氏と同じSSM調査のデータに基づきながらも、「専門職や管理職につく知識エリートの階層相続が戦前以上に強まっている」ことを示しました。このように同じ調査を用いながらも異なる見解が出てきたのです。ここにおいて論争は第二幕に入ったと言ってよいでしょう。そこで、『中央公論』十一月号は、「〈論争〉不平等社会か日本?」と題して、盛山氏の「中流崩壊は『物語』にすぎない」と、それを受けた佐藤氏の「それでも進む『不平等社会化』」を同時に掲載しました。なお、ＳＳＭに関係する多くの研究者によって『日本の階層システム』（全六巻、東京大学出版会、二〇〇〇年）というシリーズも刊行されています。

以上のような流れをふまえると、この論争には、実は三つの系譜があることが分かります。論争の発端となった論者と共に提示すると、

①所得分析（経済学）――橘木俊詔氏
②世代間の地位再生産（社会学）――佐藤俊樹氏
③世代間の学歴再生産（教育社会学）――苅谷剛彦氏

と、なりますが、金子勝氏（法政大学経済学部教授）の論文「三つの格差『所得・世代・学歴』を突き抜ける道」は、こうした三つの流れを総合的に捉え、問題を再構成したものです。

本書は、主に①と②を中心に構成されています。前述のように③の議論は「学力低下問題」、すなわち文部省の進める『ゆとり』の教育改革」の評価をめぐる激しい論争と密接に関連

しています。本書では前掲の苅谷論文のほか和田秀樹氏（精神科医）と野口悠紀雄氏（東京大学先端経済工学センター長）の「〈対談〉階層分化をくいとめよ」の前半部分で論じられていますが、「中公新書ラクレ」では『論争・学力崩壊』でこの問題を特集したので、そちらもあわせてご覧いただければ幸いです。

なぜ論争は受け入れられたのか

いずれの所論も、データに基づいた冷静な議論であったことに、特に注目すべきです。しかし、この論争がなぜ多くの人々に受け入れられたかという理由を考えるとき、論争の受け手たちが、データを検証するよりも自分自身の実感と照らし合わせて価値判断しがちであることにも注意を払わなければなりません。佐藤氏が現代日本を「均質化ゆえに、残る格差に対して人々はいっそうセンシティブになる」社会と表現したように（「それでも進む『不平等社会化』」）、多くの人々はすでにさまざまな格差を実感しており、絶えず不平等を意識しているのかもしれません。格差を明かにすることは、ひょっとしたら人々の実感の後追いになっているのだということでしょうか。

また、論争が受け入れられた別の理由としては、どうも「不平等の拡大をめぐる議論は日本国内に留まるものではなさそうだ」という雰囲気があったためではないかと思われます。

たとえば、繁栄を謳歌するアメリカでの貧富の格差の増大、ヒトゲノム解読によって生じると囁かれる「医療ディバイド」、ITリテラシーの有無による「デジタル・ディバイド」……といった一連の不安が、影を落としていないとは言えません。また一九九八年にノーベル経済学賞を受賞したアマルティア・セン氏の不平等をめぐる論考が、日本のアカデミズムに与えた影響も少なくないようです。

さらに、ジャーナリズムが「勝ち組・負け組」という流行語を用いて、盛んに大企業の凋落を報道したことも、この論争が広く受け入れられた素地となったかもしれません。ただし、念のために言い添えますと、この「勝ち組・負け組」というビジネス情報と、中流崩壊論争とはまったく守備範囲が異なることが、ここまでの解説でお分りいただけたものと思います。

平等化政策かエリート養成か

よく言われるように、日本は相対的に大衆的な社会であり、また同質であることへの圧力が高い社会であるために、仮に格差が存在したとしてもそれをなかなか直視することができないようです。また、そのために、欧米よりもかえって複雑な歪みを内に抱えていると言われます。つまり、ヨーロッパのような階級社会やアメリカのような多民族社会では、存在する格差は目に見えやすく、したがって一目瞭然とも言える問題に対して面と向き合うことも可能ですが、日本のように現実に存在する多様性――アイヌ、沖縄、在日朝鮮・韓国人社会、また論争の的である以上留保が必要ですが「階層間格差」など――を認めず、あたかも皆が同じであるようにふるまえば、現実の問題は隠蔽され、病理はより根深いものになってしまいます。

いまの日本社会は「現実に存在する多様性に対して、どういう対応をするのか」というコンセンサスを形成する以前の状況ではないでしょうか。だからこそ、まず手始めの作業として、個々人のちがいや格差を検証し、それが現実に存在するならば、それをしっかりと認識することが重要です。その上で、リベラルで平等な福祉国家政策を押し進める道をとるか、それとも責任をになうエリートを意識的に育成していく道をとるのかという選択を議論すべきだと、編集部は考えます。

じっさい、この論争においては、エリート教育の必要性・階級社会の積極的意義を主張した論考も見受けられました。櫻田淳氏（「今こそ『階級社会』擁護論」）や、御厨貴氏（「エリートの責任」）によるものです。そしてもちろん、大塚英志氏（「『エリート幻想』の正体」）や斎藤貴男氏（『機会不平等』文藝春秋、二〇〇〇年）のように、そうした考え方に対して違和感を表明する立場もあって当然です。

そして、それぞれの価値判断を具現化するためには、国政レベルで教育改革や税制改革をめぐる政策論争が行われる必要を痛感します（税制改革については、先に紹介した「〈対談〉階層分化をくいとめよ」の後半部分で「相続税率を一〇〇％に」という一見したところ大胆な提案がなされています）。政治も「中流崩壊」と「学力崩壊」という現状把握をめぐる論争を認識し、有権者が主体的にあるべき社会を選択できるような環境を整えてほしいものです。

コミュニケーションの回復に向けて

最後に、編集部から読者の皆様へ、以下の問題提起をさせていただくことで締めくくりたいと思います。

本書をお読みになるに当たって、「階層を論じることは、コミュニケーションをめぐる洞察なのではないか」ということを、ぜひ一緒に考えていただきたいのです。

どんな分野であれ、相対的なエリート（主流派）がその他大勢を見下すという構図はよくあることだと言っていいでしょう。ジャーナリズムにしろ学問にしろ、発信する情報はどう見ても「都市に住む高学歴ホワイトカラー」に偏りがちです。文化・芸術分野でも、大衆文化や若者文化をよしとしない人々が、それらに対して心情的に反発する言葉をしばしば耳にします。

批判される側は、へんにつっぱってみたり、ひらきなおったり、「批判なんて眼中にないよ」という風であり、いずれにせよ、そもそも相互のコミュニケーションはまったくない状態のような印象を受けます。

しかし、これでは、お互いがそれぞれの良さに気が付かなくなってしまい、とても残念なことです。どちらにも良い点と悪い点はあるはずで、お互いがお互いのことを毛嫌いする状態に留まれば、ともに独善に陥るほかはありません。そういう意味では、「論争」のあるところには健全な精神が宿っているのだと思います（我田引水めいて恐縮ですが）。もしも文化や階層などに序列をもちこんでしまうようなことがあれば、学問もジャーナリズムも先細りし、明日への可能性を自ら閉ざしてしまうのではないでしょうか。

それはもちろん、「時代を読み、明日を切りひらく鍵《ラクレ》」を提供せんとする、わが「中公新書ラクレ」に対しても、自戒をこめつつ。

＊本書に収録された論文の著者肩書きは発表当時のままです。

I

「新中間大衆」誕生から二〇年――「がんばる」基盤の消滅

佐《さ》藤《とう》俊《とし》樹《き》（東京大学助教授）

八〇年代までの感覚

「中流」には不思議な魅力があるようだ。「総中流社会」「日本にはまともな中流階級がない」「中が社会の九割もいるのはおかしい」などなど、さまざまな形で「中流」は語られてきた。「中流」を語るとき、人は思わず熱くなる。

しかし、「中流」くらい、その中身がはっきりしないものもめずらしい。

一九七〇年代以降、つまり高度成長をへてそれなりに「豊かな社会」になって以降、日本の「中流」像の事実上の標準《デ・ファクト・スタンダード》となってきたのは、いうまでもなく、村上泰亮氏の「新中間大衆論」である。

事実上の標準といったのは、これが定説として承認されたわけではなく、さまざまな批判をあびており、「新中間大衆なんて大嘘だ！」という頑強な反対派さえいるからだ。だからといって、これに対抗する有力な「中流階級」論があるわけではない。そういう意味で、やはり日本社会の「中流階級」の代表的なイメージをあたえてきたといえよう。

新中間大衆論というのは、簡単にいえば「みんなが中流で少しもおかしくない」という物語である。正確にいえば、村上氏はこの物語を理論化したのだが、いちばん重要なのは物語そのものである。それは八〇年代までの感覚を見事にいいあてていた。高度成長後の日本とは「みんなが中流になれる」と思っていた社会なのである。

「新中間大衆」の実体

物語といっても、たんなる空想だったわけではない。背後には社会調査のデータによる裏付けがあった。村上氏が利用したのは、一九七五年におこなわれた第三回のＳＳＭ調査（「社会階層と社会移動全国調査」の通称。一九五五年以来、一〇年おきに日本全国の二十〜六十九歳の人を対象に、その職業キャリア、学歴、社会的地位、さらには両親の職業や学歴など、階層にかかわるさまざまなデータを集めている）の分析である。それが新中間大衆社会の実証として今も読まれている。ＳＳＭは現在、九五年の第五回調査の分析が公刊されつつある。これまでの調査をあわせてみると、日本の「中流」の現状として、意外な姿がうかびあがる。

まず図1（次ページ）をみてほしい。これは五五年の第一回から九五年の第五回まで、男性（二十〜六十九歳）における職業の継承性（親子間）の推移をオッズ比で示したものである。オッズ比というのは、父親がある職についているかどうかで、子どもがその職につきやすいかどうかを表す。職業は次の六つのカテゴリーにわけた（ただし農業は省略）。

(1) **ホワイトカラー雇用上層（W雇上）**
専門職と管理職の被雇用（法人企業の役員をふくむ）

(2) **ホワイトカラー雇用下層（W層下）**
販売職と事務職の被雇用

(3) **全自営**
全ての職の自営（家族従業をふくむ）

(4) **ブルーカラー雇用上層（B雇上）**
熟練職の被雇用

(5) **ブルーカラー雇用下層（B雇下）**
半熟練職と非熟練職の被雇用

(6) **農業**

図1　調査年別・父主職×本人現職のオッズ比

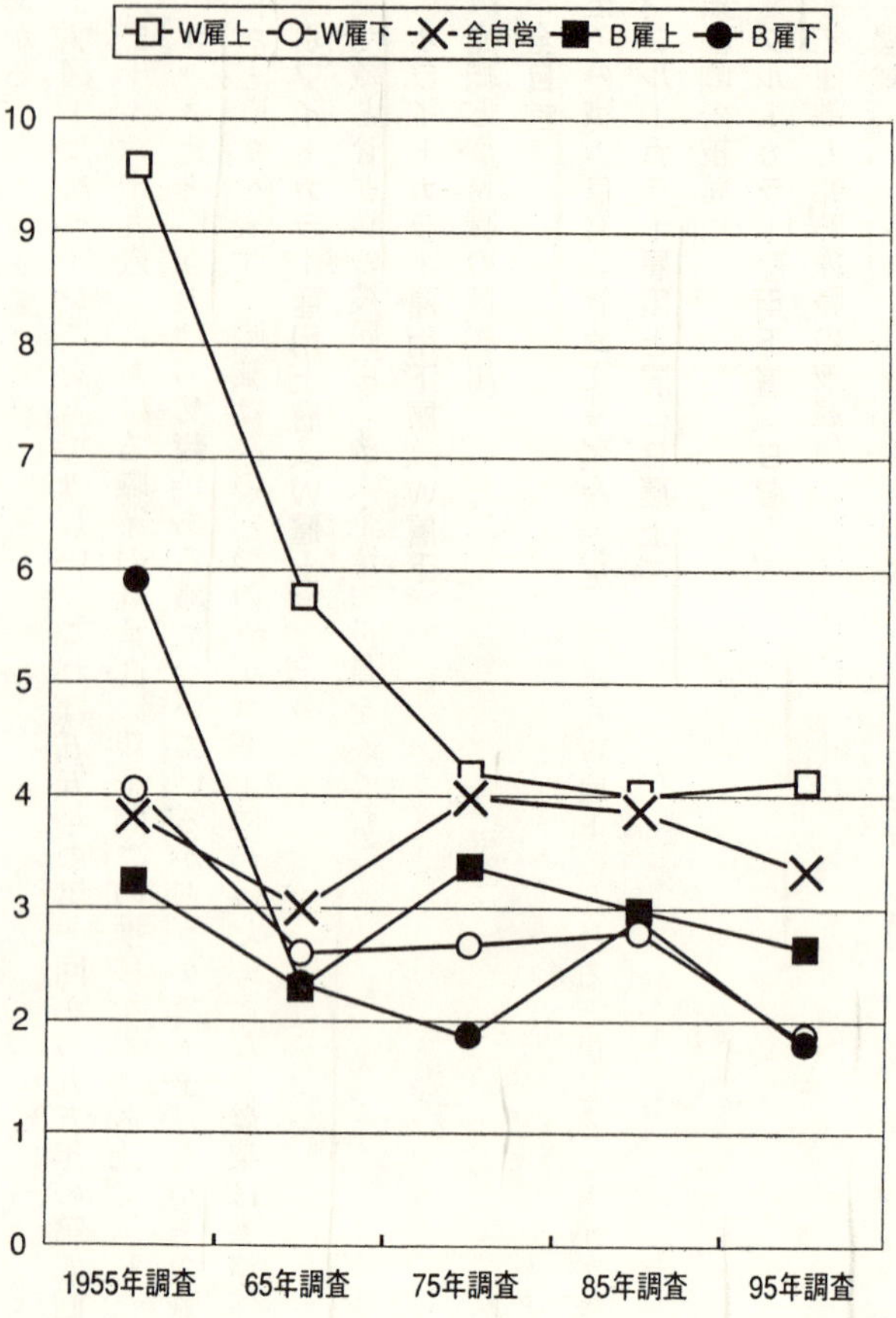

特に重要なのはW雇上の数値である。W雇上は企業の管理職・専門職で、「よい学校をでてよい仕事につく」といわれるときの「よい仕事」の典型である。じじつ、彼らは学歴も高く、収入も他より歴然と高い（図3）。また、中高年になるにつれて収入もふえる点で、安定した地位も保証されている。戦後日本における広い意味でのエリート集団といえよう。

五五年調査では、そのW雇上のオッズ比はほぼ一〇。つまり、父がW雇上である人はそうでない人にくらべて、約一〇倍もW雇上になりやすかった。父がW雇上であるかどうかという出発点のちがいはそのくらい大きかったのである。それが急速に低下して、七五年以降は四倍まで下がっている。その絶対的な量の評価はともかく、少なくとも戦前にくらべて、大幅に門戸が開かれた。「勉強しなければお父さんみたいな人になりますよ！」というのは戯画化された教育ママのセリフだが、逆にいえば、だれでも努力すれば高い学歴をえてよい仕事につけると信じられるようになった。みんなW雇上になれると信じることができたのである。

新中間大衆社会をつくりだしたのは、まさにこういう感覚であった。新中間大衆論にはつねに「実体がない」という批判がなげかけられてきたが、むしろ「実体がない」ことこそ新中間大衆の実体なのである。それはいわば可能性としての「中流」であった。誤解されると困るが、だから幻想だとか虚構だとかいいたいわけではない。現実には生活水準の差があっても、そういう上昇の可能性を共有しているかぎり、「みんなが中流」と考えても決しておかしくない。その意味で、日本は「総中流」社会だったといえよう。

可能性としての「中流」

図1をみると、そういう新中間大衆社会＝「総中流」社会が今もつづいているように見える。しかし、実はここには大きな落とし穴があった。

図1は父の主な職業と本人の現在（＝調査時点）の職業との間で継承性を測っているが、戦後のW雇上は、幹部候補生として採用された場合でも、最初は事務職に配置されることが多い。民間企業ならば、管理職（課長以上）につくのにふつう十数年かかる。その間はW雇上ではなく、W雇下に分類される。それが私たちを攪乱させるのである。

この影響を除去するために、本人の現職ではなく、四十歳時点の職業で継承性を測ったのが図2である。各調査時点で四十〜五十九歳の人だけをとりだして、その出生年で示しておいた。図1にはなかった変化がここには現れている。八五年調査の一九二六〜四五年生まれ（やや大まかだが以下これを「昭和ヒトケタ」とよぶ）までは、図1と同様、W雇上のオッズ比が順調に低下しているが、九五年調査でえられた一九三六〜五五年生まれ（以下これを「団塊の世代」とよぶ）では反転上昇しており、五五年調査の一八九六〜一九一五年生まれ、

図2　出生年代別・父主職×本人40歳職のオッズ比

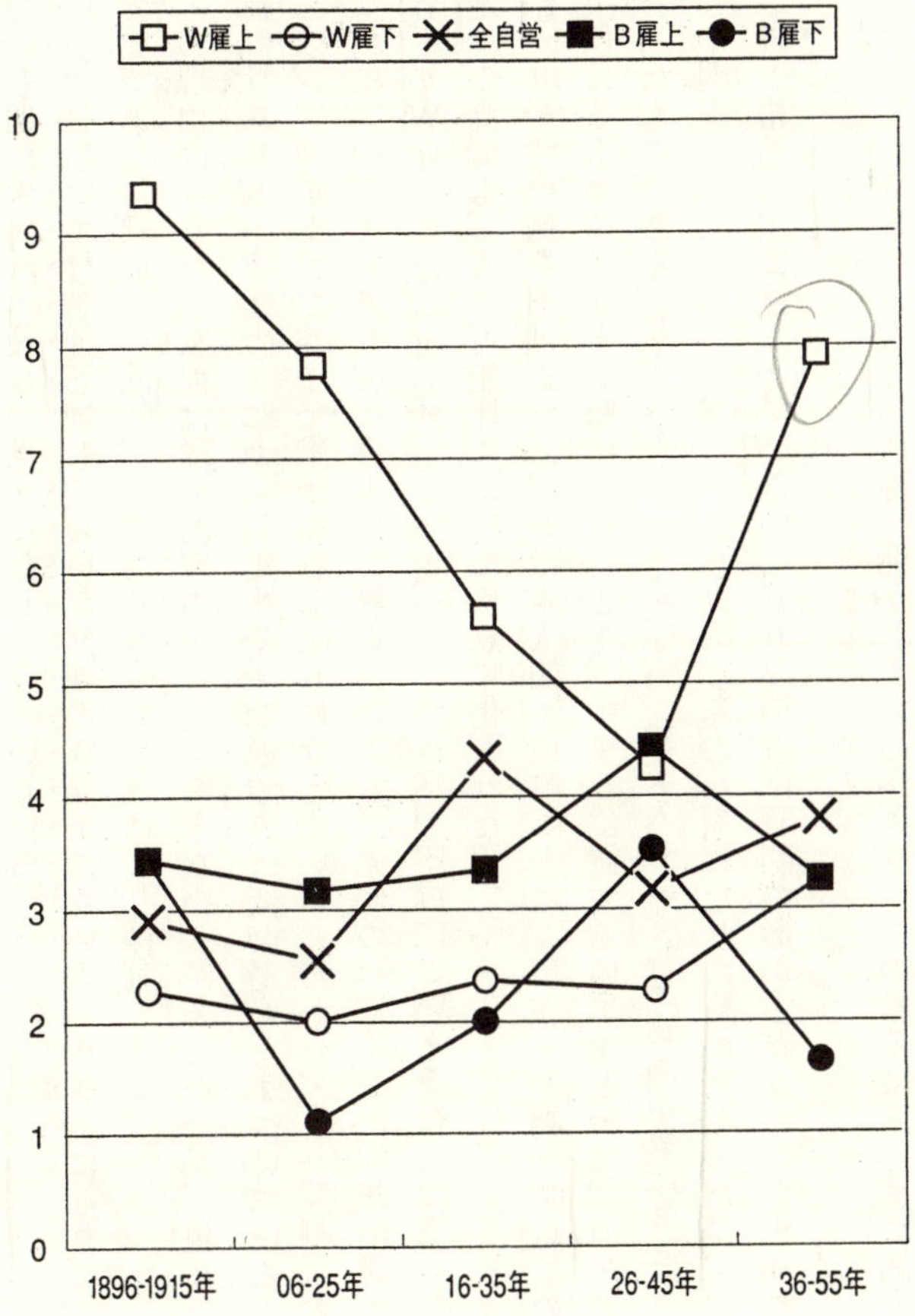

すなわち明治生まれの最後の世代にむしろ近づいている。

「団塊の世代」では戦前と同じくらい、父親がW雇上でない人がW雇上になりにくくなっているのである。

その理由はこうだ。戦前への回帰、いやある意味で事態はより深刻である。

戦前は経済的理由から進学できない人が多くいたが、現在はその種の制約は大幅に緩和された。これに対していわば機会の平等は達成されたのである。にもかかわらず、W雇上が再び親子で継承されるようになっている。だから、より深刻なのである。

これは「中流」のあり方に重大な影響をあたえる。先にのべたように、新中間大衆社会は、だれもがW雇上になる可能性をもつ点で、「みんなが中流」といえる社会であった。客観的な地位の高低も、その可能性によって無意味化された。

わかりやすい例をあげよう。図3は本人四十歳職ごとに「現在（＝調査時点）の収入」の中央値《メジアン》（各人の収入を多い順に並べたとき、中央に位置する値）をとって、消費者物価指数でわったものである（収入は税込みで副収入・雑収入もふくむ。物価指数は九五年を一〇〇）。

六五年調査の一九〇六～二五年生まれ以降、みんなそれなりに豊かになったが、W雇上とそれ以外の格差は実は縮まっていない（五五年調査は質問の形がちがうのであまり参考にならない）。

けれども、W雇上になる可能性が開かれているかぎり、この格差はあくまで個人の努力の

図3　本人40歳職ごとの年収中央値

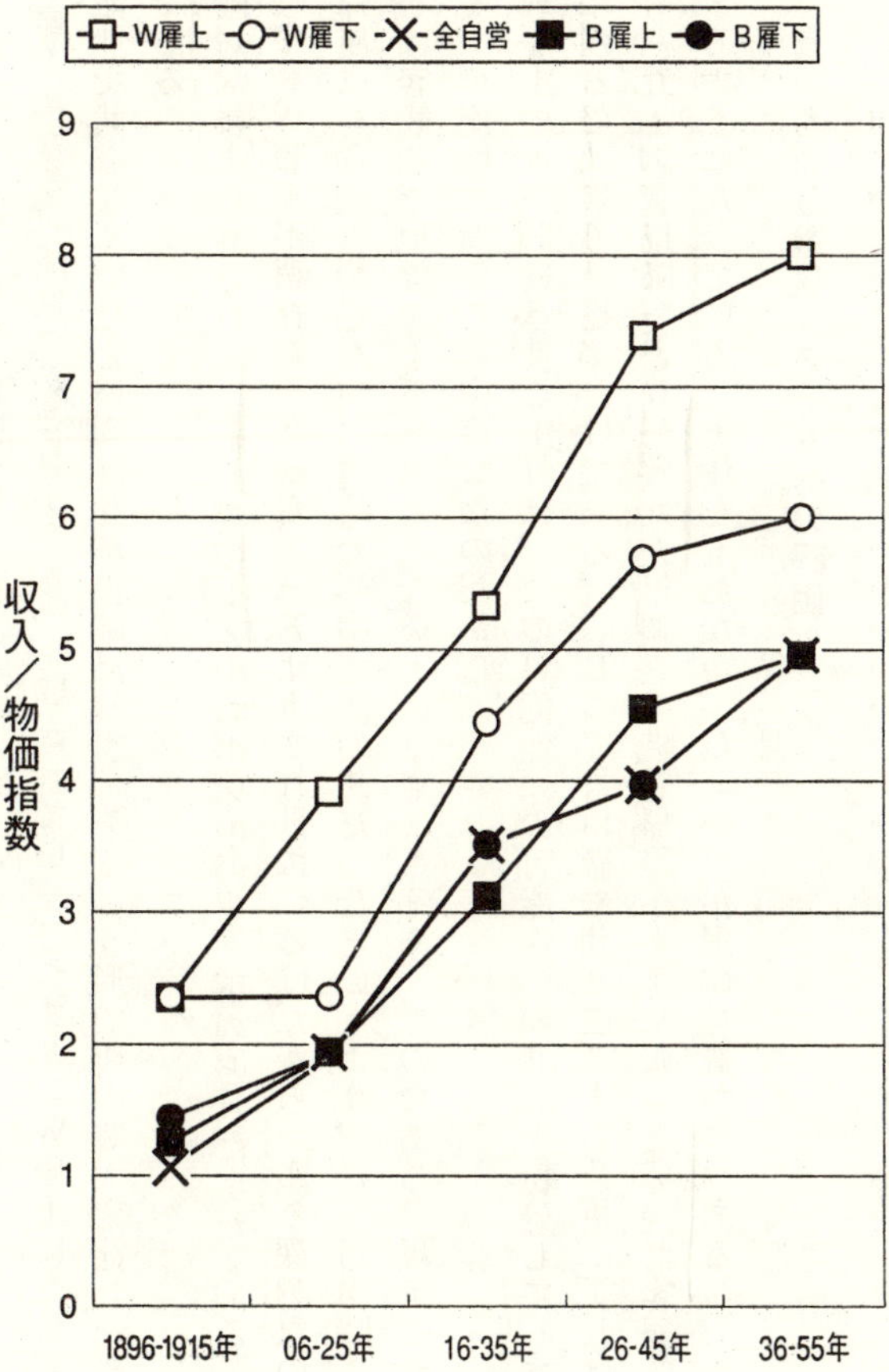

結果とみなせる。その可能性において「みんなが中流」と等しく信じられる。現実には、「W雇上になる可能性」がこれからもっと開かれていく、つまり「W雇上になる可能性」の可能性を共有していたというほうが正確だろう。そういう形で新中間大衆社会をやってきたのである。

階層帰属――あなたは「上／中の上／中の中／中の下／下のどれにあたると思いますか」――でも、七五年調査の一九一六～三五年生まれ世代だけは、本人が四十歳時点の職業が階層帰属に有意に影響しない。当時の「中」が幻想だったというより、むしろ当時の「中」の核心は客観的な地位の上下と対応しないという点にこそあったのである。現実においてではなく、可能性において「中流」なのだから。

W雇上の世代間継承性の上昇は、この可能性（の可能性）の共有を粉砕してしまう。その後に残るのは現実の格差だけである。じじつ、吉川徹や間々田孝夫の分析によれば、SSMでも八五年調査以降、とりわけ九五年調査で階層帰属が学歴や収入といった客観的地位と関連するようになっている。実体をもたなかった「中」が実体をもちつつあるのである。

食いちがう選抜システムへの評価

その、可能性としての「中流」が崩壊しつつある――簡単にいってしまえば、それが日本社会の現状である。数値で表すにはＳＳＭのような調査が必要だが、変化の兆しは肌で感じられているはずである。「努力しても無意味なのではないか」という疑念と閉塞感のなかで、新中間大衆は解体しつつある。

図4からもその一端は見てとれる。これは「いまの世の中は公平だと思いますか」という質問への回答を、九五年調査の「団塊の世代」で、父主職がＷ雇上である人／ない人に分けて示したものだ。公平かどうかの評価が、この両者でちがってきている。同じ質問をした八五年調査の場合、「昭和ヒトケタ」世代では両者にまったく差がない。Ｗ雇上になる可能性が共有できなくなるとともに、出発点のちがいが社会のシステムに対する評価のちがいに現れてきたのである。

このことは日本社会に一体何をもたらすだろうか。

まず「中流階級」という点でいうと、さまざまな見方ができるが、これ自体が中流階級の復活であるとも考えられる。Ｗ雇上は、「団塊の世代」で全体の二〇％強、ほぼ四分の一を占める。戦前までの日本や西欧の感覚でいえば、まさに「中流階級《ミドル・クラス》」のサイズである。さらに、継承性の高さでも、学歴の高さでも、専門職・管理職という職種においても、「団塊の世代」のＷ雇上は、戦前の中流階級とよく似ている。最終的には二〇〇五年の第六回ＳＳＭ調査をまって判断すべきだが、Ｗ雇上は高度成長期以降「日本の新たな中流階級として確立

図4　「団塊の世代」での公平度評価

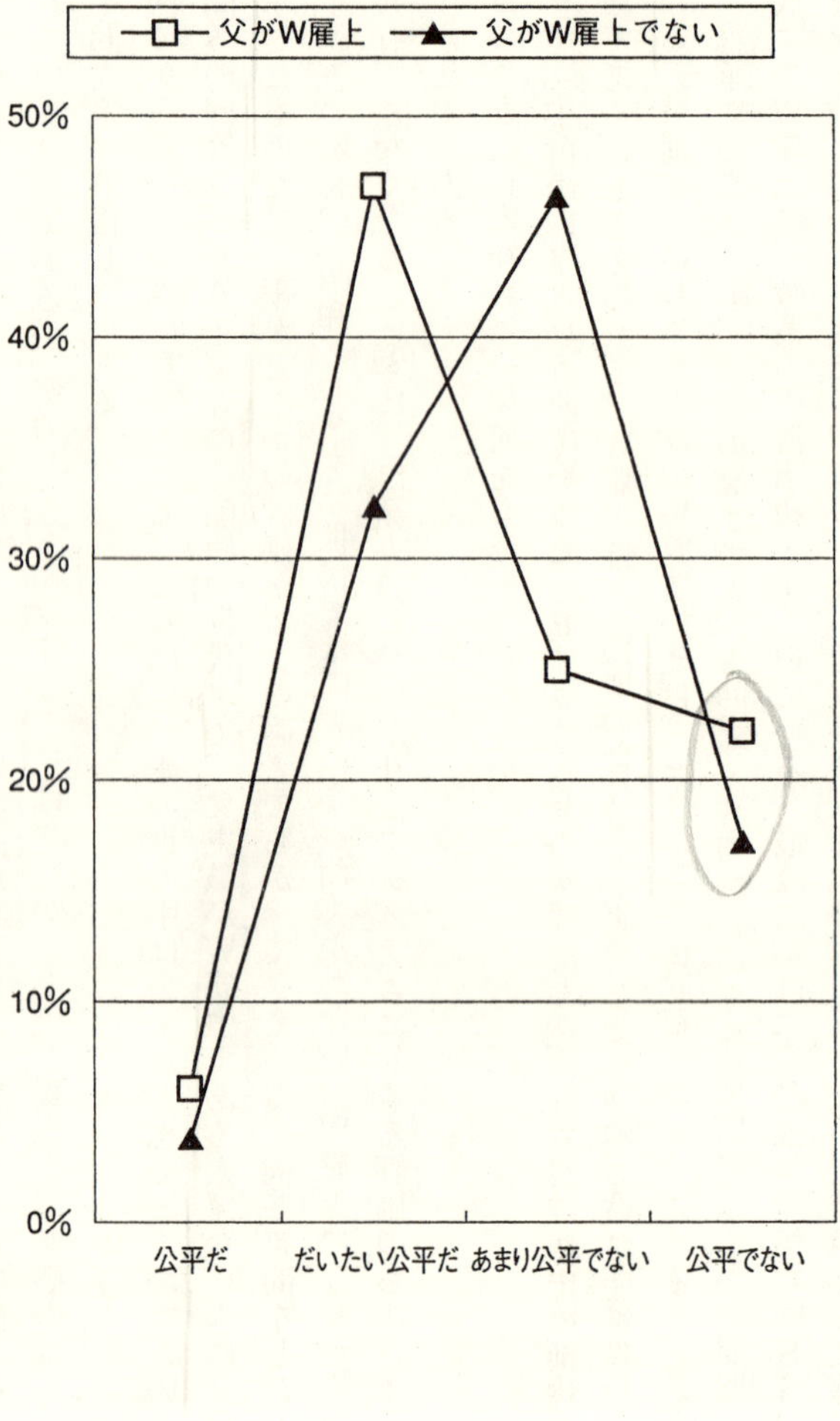

しつつある」というほうが事実により近いのではないか。

とはいえ、「中流の復活か崩壊か」を議論してもあまり意味はない。「中流」とは何かというイメージがばらばらなので、つきつめても水かけ論になるからだ。むしろ、W雇上の継承性の増大がどんな影響を社会におよぼすかを具体的に考えるべきである。

一つには、すぐ想像がつくように、これは戦後社会をささえた「努力すれば途《みち》は開ける」という価値観を大きく掘りくずす。「努力してもたかがしれている」――そうした空洞化の感覚の広がりは、現実に「団塊の世代」以降深く静かに進行しつつある。子どもでいえば、それは学校でがんばることの無意味化であり、大人でいえば、一人一人の職場でがんばることとの無意味化である。たとえ自分はダメでも子どもには期待をかける、そのために必死で働くことが戦後日本の質の高い労働力を培ってきたわけだが、その基盤が消滅しつつある。

これらはしばしば団塊の世代や団塊の世代ジュニアの病弊だといわれるが、特定の世代を悪玉にしてもはじまらない。戦後の経済成長によるパイの拡大と機会の平等の拡大が終わったことで、選抜のシステム全体が動脈硬化をおこしているのだ。詳しくは『不平等社会日本』(中公新書)で論じているので、そちらを読んでほしい。

「競争社会」論の詭弁

ここでは別の側面に注目したい。

昨今「公平」がさかんにいわれている。そのときの公平は機会の平等であり、それにもとづく競争社会や市場主義が唱えられている。機会の平等が重要なことはいうまでもないが、従来の議論には重要な論点が欠落している。それは、市場に参加するそもそものスタートラインが平等なのか、つまり最初の出発点で機会の平等がどの程度守られているか、という問題である。

たとえば、九五年調査の「団塊の世代」で平均収入をくらべると、父がW雇上の人が八四一万に対し、父がW雇上でない人は六〇五万。父の職業という、本人にはまったく責任のない属性によって、ほぼ一・四倍の格差が生じている。

公平をめぐる議論の多くはこの問題を無視し、現在の収入や資産だけをみて「格差がひろがった」とか「悪平等だ」とかいってきた。その結果、だれでも選抜競争に参加できる形になるなか、父主職という出発点はいわば「見えない既得権」となりつつある。図4でみた「団塊の世代」の父W雇上の回答は実はその産物である。彼らの一部（＝「だいたい公平だ」の人々）はその地位を公平な競争による正当な成果と考え、一部（＝「公平でない」の人々）はむしろ不当に足をひっぱられていると考えている。じじつ、年収をみると、「昭和ヒトケタ」と「団塊の世代」で父がW雇上でない人は、公平度評価が下がるにつれて年収も低くなるが、「団塊の世代」の父W雇上の人だけはそうでない。公平観のあり方そのものが従来とちがってきているのである。

格差があること自体は決して悪いことではない。私はある程度の社会保障があれば、本人の努力の結果、巨大な貧富の差が生じてもかまわないと思う。だが、その前提となるのは機会の平等である。いや、もっと正確にいえば、機会の平等についてのコンセンサスである。何が機会の平等かについて科学的な真理はないとしても、社会の大多数のメンバーがある程度納得できる合意は、競争社会をやっていく上で不可欠である。

図4はそこに大きな断層が生まれていることを示している。出発点に恵まれなかった人々は、社会がまだ不公平だと思い、出発点に恵まれた人々は、もうすでに公平だと考え、むしろ自分たちの足がひっぱられているとさえ感じている。九〇年代にはいって、「中流」の可能性（の可能性）が喪われていくとともに、公平さをめぐるコンセンサスの裂け目が日本社会に走りつつあるのではないか。「中流」の可能性（の可能性）を信じる社会は、どこかで、その可能性がまだ十分に現実とはなっていないことも知っている。「明日はもっと良くなる」といえるからこそ「今日は我慢して」といえる。それがコンセンサスになるのだ。

「中流」の可能性が消滅すれば、残るのは今この瞬間の生活格差である。そうなれば、父W雇上という恵まれた出発点にある人間は、自分の現在の高い地位をしゃにむに正当化するしかない。「自分は競争に勝った、だから自分は正しいのだ」という野蛮で傲慢なエセ競争主義の論理が顔をだしてくる。

父W雇上の人々における公平観の変容はまさにそれを予感させる。そうした裂け目があるかぎり、活力ある競争社会が実現されることはない。ある人にとっては自分の正当な業績であるものが、別の人には不当な既得権に見える。そうなれば競争に参加する意欲も喪われる。それはたんに社会のシステムへの信頼を喪失させるにとどまらない。もっとあからさまに、競争それ自体の意味を喪わせる。

その結果、自分からシステムをおりる人間が大量にでてくるだろうし、ご都合主義的に競争に寄生する人間もうみだされる。自分に都合のよい場面には「業績主義」を主張し、都合が悪くなれば、機会の不平等をいいたてて結果の平等を主張する――公平さのコンセンサスをもてない社会は、そうしたご都合主義にそれこそご都合主義的にしか対応できない。そうなればシステムをおりる人間はますますふえていくだろう。「階級あって国民なし」というのは、八〇年代に流行したイギリス社会の戯画だが、それが明日の日本の自画像にならない保証はどこにもない。

それが倫理的に良いか悪いかはともかく、そういう社会が「自由で活力ある社会」でないことだけはたしかである。

※データの分析（統計的検定をふくめ）や解釈のより詳しい内容については、『不平等社会日本』に述べてある。
※ＳＳＭデータの使用については一九九五年ＳＳＭ研究会の許可をえた。

『中央公論』二〇〇〇年五月号

階層分化をくいとめよ――決め手は「相続税率」アップ、「受験教育」徹底

・対談・野口悠紀雄《のぐちゆきお》（東京大学教授）×和田秀樹《わだひでき》（精神科医）

失われた向上心

和田　先生の『「超」勉強法』の言葉に感激しました。『『おちこぼれの生徒に暖かい目を』という教育評論家には、能率的な勉強法を教える以上に暖かい方法があるだろうかと問いたい」というくだりです。

実は、いま問題の「中流崩壊」現象の底流には「勉強しても学力的にも社会的にも這い上がれっこない」という意識が、成績不良の子どもたちの間で非常に強くなった事実があり、先生の言葉に解決の糸口があるのではないかと思ったのです。

たとえば、苅谷剛彦先生（東大大学院教育学研究科）らの調査（一九九七年）によれば、高校二年生の三五％が学校外では一秒も勉強しない。問題は、子どもだけでなく親がそれを

放置していることです。苅谷先生は、このような教育環境を通じて、すでに階層分化が始まっていると言ってます。

このように、親も子も、子どもの将来に諦めを感じる理由は二つあると思います。第一に、日本にある種の序列ができあがってしまっており、勉強をしたところで身分的に這い上がれない社会になってしまったという思い込み。第二に、「勉強すれば成績が上がる」という素直な感覚が失われ、親の学歴が低いから自分もだめだと考えてしまうことです。

野口　いま指摘された事態の原因は、「諦め」でなく「満足」ではないでしょうか。よく「そこそこの満足感」と言いますが、社会全体が豊かになると、努力をしなくてもある程度の生活ができるので、ハングリー精神がなくなる。

階層分化について、八〇年代後半のバブル経済の中、土地があれば非常に豊かで、働いてもだめだという雰囲気がひろがった。もしバブルがあのまま続いていたら、より深刻な階層分化を引き起こしたと思います。

和田　もちろん豊かさに満足している人が多いのも事実です。しかし、これ以上豊かにならないでいいと思っているのはむしろ相対的に貧しい層である事実は見逃せません。本来ならば満足しているはずの富裕層が「お受験」と揶揄されるほど、子どもに教育投資を続け、一方で、本来なら満足できないはずの貧困層や親が低学歴である層が、勉強をしていない。

野口　私は受験そのものは全然悪い制度だとは思いません。しかし、東京を例に挙げると学校群制度を導入してから、小学生が中学受験の勉強をしなければならなくなった。小学生は、自分の意志で勉強や受験ができないので、親の意図や所得の格差が大きな影響を与えているはずです。

和田　たしかに東京の場合、私立中学でないと東大に進むのは困難で、しかも私立の大半は中高一貫で高校から入れない。つまり敗者復活戦がないのです。また、内申書による学力以外の評価が横行しているので、みんなと仲良しを装わないといけないことがストレスを生んでいます。

しかも、よく槍玉に挙がる受験戦争は実は激化していないのです。たとえば東大の合格者最低点も下がり続けている。しかし、高校生たちの間では入試に出題されないことは勉強しないという風潮が強まっている。西村和雄先生（京大経済研究所）が言うように、早慶レベルでも分数のできない文系学生が二割いて、中二レベルの二次方程式ができないのが七割という学力低下現象が生じているのです。

しかも先生がいみじくも指摘されたように、バブルは子どもたちにもかなり悪影響を与えたと思います。つまり、あれで「勉強して何になる」という印象を与えたのではないでしょうか。実は学力低下がいろんな大学で実感され始めたのは、八〇年代末ごろからで、ちょうどバブル期と重なっているんですね。学力低下はいまになって始まったことではないのです。

変わる社会、変わらない教育

野口　日本の大学生があまり勉強をしない理由は、入学試験にパスすることが最終的な目標だからです。アメリカでは、大学院レベルで猛烈な勉強をする。大学院が競争の出発点であって、それから後も激しい競争が続く。

この違いは、社会構造と密接に結びついています。遅れて産業化した国においては、先進国のモデルにならえばよかったので、創造的能力やリーダーシップは必要とされなかった。所定の作業を確実にこなせる能力が求められた。それが、日本でも、六〇年代頃まではうまく機能してきました。さらに言えば、高等教育はスクリーニング（選抜）のためのものであるという議論が経済学でなされますが、戦後日本の文系高等教育、特に法学部に関しては、かなりそれが当てはまります。就職などの選抜にあたって学歴を指標として用いてきたわけです。そういう議論から言えば、教える事柄は何でもよかったと言えます。

しかし、そういうシステムだけでは、たちゆかなくなっているのではないでしょうか。一例を挙げると、金融で高微分方程式などの数学を使う金融工学が現れて何年もたちます。しかし、日本の金融機関も大学も対応できていません。特に経済や法律の実務教育が大学でできていない。アメリカのビジネス・スクールのような専門家を養成する教育機関を作るとなれば、大変な制度改革が必要です。

和田 スクリーニングが時代遅れであるという考えは理解できますが、ただ、この機能をある程度残しておかないと勉強の動機づけは難しいと思います。

しかし、大学が実務教育をしてないという意見は、もちろんそのとおりです。医学部でも在学中と卒後の教育に大きな問題があります。さらに問題なのは、アメリカと違って教える能力を評価して教員を採用する習慣がないことです。

また、例に挙げられた微分方程式については、イギリスでは高校生のうちに教えているように、諸外国では数学を早めに教えたほうが将来のためになるという発想が強い。しかし日本ではおちこぼれをつくらないように、高校で微分方程式を教えるのをやめてしまった。これは世界の流れに逆行しています。これからの教育は、求められている人材像を見定め、そのために各段階で何を教えるべきか、入試で何を課すべきかというグランドプランをもたなければなりません。

野口 入試で何を課すかは、大変重要です。私がかねがね問題だと思っているのは、私立の文系学部で数学を出さないところが増えていることです。「数学がわからなくてあたりまえ」という風潮は、非常に恐ろしい。少なくとも、毛嫌いしないようにする必要があります。

和田　高校三年間で数学の授業を受け続けているのに分数もわからない大学生がいる事実を知るにつけ、入試のあり方を議論する必要を感じますね。

教育に必要な「競争」と「詰め込み」

野口　私はいま、博士課程の学生と接するだけなので、身近に痛感するのは、数学を知らないような学部学生の状況よりは、教える側の問題です。

大学とマスコミという、日本語に守られた産業だけが国際競争にさらされていません。この二つが、どうしようもなく後進的な産業として残ってしまう危険があります。日本人の英語能力の低さは最近よく問題にされていますが、ビジネスで使えないということよりも、このように言葉に守られる産業ができてしまうことが大きな問題なのです。この恐ろしさが本当に深刻な問題であるのは、インターネット時代だからです。インターネットは英語の世界ですから。

和田　なるほど、そのとおりですね。付け加えれば、本当の障壁は会話よりも読み書きだと思います。話す能力ばかり重視しすぎると、「移民の英語」のように、一生読み書きができない恐れもあります。

野口　仕事上のコミュニケーションで問題になるのは、専門分野の会話ができるかどうかということだけです。
それにもかかわらず、教養課程の英語は、英文学の教育になっている。たとえば、私が数式を英語でどう読むのかを知ったのは、アメリカに留学してからです。日本の大学は、数式を英語で読むこともできない理系学生を大量に生産しているのです。

和田　それと同様なことは国語教育にも指摘できます。とにかく小説や詩ばかりを題材にして論説文を読ませないので、論理的な読み書きができない。

野口　しかし、それらの問題をあらためて教育を再生しようにも、「教育に競争を導入するなんてとんでもない」という意見のほうが強い。

和田　そうですね。受験教育が比較的うまく機能していた時代には、それなりの競争もあったと思うのですが……。ますます競争とは無関係の試験を課す傾向がある。だれもが受けたがるやさしい問題を出題したり、科目数を減らしたりしています。これでは悪い方向へ向かっての競争です。

このような事態に対して、企業の側から、良い大学・悪い大学を選別するような統計を示すなどの方法で、尻を叩かないと展望が開けない時代だと思います。

野口　教育に競争を促す唯一の可能性はそれです。

和田　その意味では、学力低下を訴えているのは、実社会に多くの人材を送り出している理科系と経済学部の先生なんです。

いちばん問題なのは、教育学部ですよ。本来は教育の実験をしなければいけないところなのに、相変わらず観念論ばかりで、子どもにゆとりを与えるだの創造性を育むだのと言っている。本当に創造性を育めるのなら結構ですが、これも非常に観念的で、これまでの学力観を批判するだけです。しかも、実験や実地検証をしない。「この方法がいい」と有名大学の教授が言うと、その権威によってみなが信用してしまう構図は恐ろしい。

野口 私も、創造性教育とはいったい何なのかと、疑問に思います。創造が大切であるのはもちろんですが、その源泉は模倣ですから、詰め込みが必要なのです。

和田 いまアメリカでは、知識重視とテスト漬けによって、恐るべき勢いで教育を底上げしています。クリントン大統領は中学生に卒業試験を導入すると言っているし、SAT(Scholastic Aptitude Test、アメリカの大学入学を希望する人を対象とした試験)の成績も九八年度は過去二五年間でいちばんよかったという。

日本が学力低下を放置している現状を考えると、アメリカの教育改革は来世紀を占う上でも脅威です。

相続税率を一〇〇%に!

野口　私が最も強く言いたいことは、日本も新しい勢力が古い勢力を打ち倒せる社会になってほしいということです。実は、相続税の問題もそこに関わります。「相続税を安く」という主張は、古い勢力の生き残りを助けることになります。

和田　相続税で思い出したのですが、背筋が寒くなるような体験を紹介します。ちょうどバブルの頃に、有名私立中学向けの進学塾に通う子どもが、電車の中で「お父さんは東大を出たけれど、こんな電車に乗って会社に通わなければならない。どうせ土地を持ってる奴らには勝てないよ」という話をしていたのです。そういう恐ろしい時代が来たなと思っていたところ、現実に八〇年代の後半から――私がいま紹介した子どもたちの世代にあたるのでしょう――学力低下が目立つようになってきた。そこで、相続税などの資産継承システムが非常に危険なものになっていることに気がつきました。

日本の資産継承システムは問題が多く、たとえば介護を負担するのは社会なのに、資産は子どもだけが当然のように相続している。私は浴風会という老人専門の病院に勤めていたので、本当にこの問題を実感しています。ろくに介護もせずに病院や特別養護老人ホームに親を放り込み、亡くなったとたんに子どもたちが集まって遺産相続の喧嘩を始めるようなことがしょっちゅうあるんです。この介護問題に対して、私が考えた第一の解決策は、相続税をうんと高くして、親を引き取ったり介護をした子どもにだけ介護減税をつける。第二に、介護を公的制度化するかわりに相続税をうんと高くする。このどちらかしかない。

野口　そうですね。相続税は、社会の基本的な価値観に関連しているのです。ただ、議論の前に確認したいのは「相続税は非常に高率で過酷だ」という意見が、まったくの誤解であることです。

「相続税で七割（相続税の最高税率）とられる。非常に過酷な税だ。現行の相続税では事業も継承できない」と政治家やマスコミがあおり、世論にしてしまっている。しかし、七割の税率が適用される人は、年間に数人と言ってよい。一般の人には相続税はほとんど縁がない。

その事実をふまえた上で、相続税の税率をアップしたときに社会に与える効果を考えてみましょう。ケインズも相続税を強化すべきだと言っています。彼の『一般理論』は、公共事業を増やして景気刺激をするという「ケインズ経済学」の原点と一般には評価されています。相続税についての議論が、最後の章でかなり熱心に述べられています。彼は「所得分配における不平等はある程度は受け入れられる。しかし、遺産の分配における不平等はいかなる理由によっても受け入れられない」と述べている。彼がイギリスのエリート階級の代表的人物で、一般庶民と関係がない生活を送っていたことを考えても、非常に興味深い主張です。

和田　もうひとつ、相続税に関して問題なのは親の意識です。資産を子どもに継がせるのではなく自分のために使うというように発想を転換し、歳をとってからの幸せのためにお金を使ってもいいという認識を持てば、生活が楽しいものとなるうえ、社会的には消費が増大することも期待できる。お年寄りがお金を使えば、産業界にも競争が始まって新しい商品やサービスが出てくるはずです。また、お金を使って遊ぶことは、知能や体に先行して老化する感情面の老化を予防する効果もあります。

これに関して示唆的なのは、長野県です。老人の就労率が日本一高く、老人医療費が日本一安く、男性の平均寿命が日本一長い。これらから言えることは、高齢者が自由に働ける社会、あるいはお金を使って自由に遊べる社会においては、高齢者が元気になるということではないでしょうか。歳をとったらお金を使って遊ぶことが常識になれば、歳をとることが怖くなくなるから、若い人の精神衛生にとってもいいんですよ。

ところが実際は、リバースモーゲッジ（居住している住宅を担保として、資金を借り入れる仕組み。借り入れは、債務者が死亡したときに、住宅を処分することで返済する）の調査をみると、日本では六十歳以上の人で「利用したい」のは五％、「子どもに財産を残すべきだ」と答える人が六五％。また、個人金融資産をみると、その六割を六十歳以上の人が持っているにもかかわらず、この年代の消費は十分ではないようです。

野口　そうです。私が相続税を引き上げるべきだと主張する理由のひとつは、まさにそこにあります。たとえば相続税が非常に高率であれば、だれもがリバースモーゲッジを利用して自分で消費しようと考えるに違いない。リバースモーゲッジは公的年金の一部を代替するので、そういう社会なら、少なくとも資産を持つ人に公的年金は必要ない。公的年金について、資産の多少によって給付額を決めるような査定をしないのはおかしなことだと思うのですが、まったく議論されていません。

相続税が高くなったら、日本の社会は一変します。さらに言えば、日本の将来、高齢化社会を乗り切る最大の政策は、相続税率をほぼ一〇〇%に上げるということですね（笑）。これは本当に真面目に考えるべき話です。

和田　そう思います。また、相続税率を上げて新しい勢力が古い勢力を打ち破ることができる社会になれば、若者が将来に希望を持てるはずです。

つまり「勉強をして頑張れば、将来はいい生活を送れる」という信頼が復活すれば、階層分化をくいとめることができるかもしれませんね。

『中央公論』二〇〇〇年五月号

新・階級社会ニッポン

『文藝春秋』編集部

世界的に有名な外資系企業のコンサルタントを務める大藤邦男氏（仮名・三十代）は最近、都内一等地にあるマンションを一棟丸ごと購入した。価格は二十億円近い。銀行から借りたローンは十年以内に完済する予定だ。十世帯が入居できるこのマンションの最上階に大藤氏一家が住み、あとは賃貸にしている。

「一応、自分が病気になるとか、事業が失敗するとか万が一の時にそなえて、安定収入があった方が家族のために安心だと考えたんです。家賃収入は保険がわりです」

大藤氏は、裕福な家庭に三人兄弟の次男として生まれた。名門の私立小学校に入り、政治家や財界人を数多く輩出している大学までエスカレーター式で上がった。

大学を卒業すると、父親のアドバイスでアメリカのビジネススクールに留学する。英語は幼い頃から外国人の家庭教師について習っていたので、会話に不自由はしなかった。

「当時、アメリカでMBAをとるのは、ほとんどが企業からの留学組でしたが、私の場合は個人で留学しました。父はアメリカの事業家たちと交流があり、日本の若者も大学だけでは足りない、将来経営にかかわるならMBAをとっておかなくてはだめだと考えていました」

留学費用は学費だけで約四万ドル、その他アパート代や生活費などもすべて親がかりだった。

「ビジネススクールでの二年間は、まさに生きた勉強でした。それまでの自分が井の中の蛙であるということがよく認識できました。たとえば、予算のシミュレーションをする授業で、日本人の学生は誰も従業員を解雇した場合の一時金の支払いや再就職にかかる費用などをまったくコスト計算に入れていない。それがいかに馬鹿げたことか、日本風の経営しか知らないから気づかないんです」

帰国後、大藤氏は迷わず外資系金融機関に就職した。単に英語力があるだけの帰国子女が多く採用されていた中で、実務がこなせる日本人はほんの一握りだけだった。大きな案件を次々にこなし、年俸は二十代後半から三千万円、三十代からは五千万円を下ったことがない。

これまでに二度転職した。今はコンサルタントとして数多くの企業を顧客に抱え、億単位の年収を稼いでいる。高級リゾート地に、一億円近いリゾートマンションをキャッシュで購入した。車はベンツ、妻もBMWに乗っている。メイドは日本人と外国人の二人、それに幼い子どものためにプロのベビーシッターも一人雇っている。

病気をした時には、保険のきかない私費診療のクリニックで診療を受ける。

「保険医のクリニックでは待ち時間が長いし、診療時間は短い。これでは病気が悪くなるばかりです。一回カゼをひくと五万円ほどかかりますが、電話一本かければホテル並のきれいな部屋で腕のいい医師に診てもらえ、日本では許可されていない薬を投与してもらえます。いまは、四十八時間以内に注射を打てばカゼが治ってしまうという薬もあるんです」

大藤氏は、自分の生活が派手だとは思っていない。快適や安全にはコストがかかるのは当然で、必要なところに合理的に使っていると考えている。

ただし、日本人のメンタリティには注意をはらっている。

「このような生活はやっかみの対象になるからです。私は成功者をやっかむ、新しく出てこようとする芽を摘むような日本社会が腹立たしくてたまりません」

二十四歳で名門取締役に

大藤氏のように結果平等主義がはびこる日本企業に背を向けて、外資系金融会社などに入り年収数千万円から数億円を稼ぐ日本人ビジネスマンが増えている。この不況下、渋谷区代官山や港区麻布の「億ション」を購入しているのはそうした成功者たちである。

暮らしぶりもグローバルである。投資情報会社・フィスコ取締役チーフアナリストの田中勝博氏は、イギリスに自宅を構えている。そこでの生活は、移動の手段に自家用飛行機を使うことが多く、田中氏自ら操縦桿を握る。

「操縦は趣味でもあります。所有しているのは四人乗りのプロペラ機で、購入したのは二十四、五歳の頃です。週末にはフランスに飛び立ち、ワインやチーズの買い出しに出かけるといったことが気軽にできます。あるいは、子供の学校参観日、車だと二時間かかるところを二十分で行くというようなことも日常のひとこまです」

若くして成功した起業家の一人だが、その半生は波瀾万丈だった。

「私は貧困の中で育ってきました。両親が離婚したこともあって、育ち盛りの時期に満足な食事も与えられなかった。文字通り食べたいがために中学一年から大学一年まで新聞配達をしていました。こうした逆境から何としてもはい上がりたかった。この時期のハングリー精神が、現在の私を作ったのだと思います」

獣医をめざして北海道大学の理系に進学したが、どうにも大学がつまらなかった。大学一年生の夏にヒッチハイクの旅に出て、運命的な出会いをした。広島で偶然に知り合ったのは、若くて美しいイギリス人女性で、その後、田中氏の妻となる。

「彼女は離日するにあたって、私にイギリス行きのチケットをくれました。こうして特別に目的があったわけではなく、偶然に導かれるようにして、北大を中退してイギリスに渡ったんです」

一九八四年、田中氏が十九歳の時だった。とりあえず職に就こうと考え、右も左もわからないまま給料が高いという理由だけで、証券会社に働き口を求めた。

「文字通りゼロからのスタートでしたが、幸いだったのは数学が得意中の得意だったことと、コンピュータのプログラムができたことです。この知識が金融の世界では決定的に役立ちました」

勉強を重ねて、わずか一年余りでデリバティブ(金融派生商品)のスペシャリストと評価されるまでになった。

ヘッドハンティングの声もかかるようになり、年俸は毎年倍増、社用車まで与えられ、さらには住宅ローンまで会社が面倒を見てくれるようなポストにあっという間に到達した。そしてわずか二十四歳で、イギリスで一、二を争う名門BZWフューチャーズ証券の最年少取締役に就任した。

一九九一年、知人から日本での会社設立に誘われ、イギリスに自宅を残したまま帰国、投資情報会社・フィスコを設立した。

田中氏は現在、四週間が日本、二週間がイギリスという生活サイクルを守っている。

「イギリスには家族がいて、自宅の他に別荘を持っています。こうした生活が送れるのも、サラリーマンではなく、会社を経営しているからです」

個人資産は、もっぱら現金と不動産で所有し、プライベートでは金融商品に手を出さない。現在の年収を尋ねると、「それはご想像にお任せします」という答えが返ってきた。

株式公開で株長者になった起業家もいる。カジュアルレストランを展開し急成長しているグローバルダイニングの社長、長谷川耕三氏もその一人である。

現在、都内を中心に二十五店舗（うち海外二店舗）を展開中で、年商は七十三億円。昨年（一九九九）十二月、東証二部に上場して五十億円を越えるキャピタルゲインを得た。

「創業者として大きな利益を得ましたが、それだけの金があっても使い道がないというのが正直なところです」

長谷川氏が早稲田大学商学部に入学したのは、学生運動華やかなりし頃だった。自身は、学生運動に関わらなかったが、日本の会社には死んでも勤めたくなかった。結局、大学を中途で辞めてヨーロッパに渡り、皿洗いをしながら数年間放浪した。その時の経験がいまの成功につながっているという。

同社は、ベンチャーならではの徹底した実力主義、成果主義の報酬体系を採用している。そうしたマネジメントシステムが市場で高い評価を受け、高株価をつけた。

長谷川氏が自身のビジネス哲学について語る。

「私にとっての仕事というのは、人生を楽しく生きるための糧だ、というのが考え方の基本にあります。仕事それ自体に絶対的な価値を置いてはいけないと思っています。その上で誤解を恐れずに言えば、スポーツ感覚で仕事をしたい、ひいては会社経営をしたいと思っています」

年収は四千八百万円。最近、南青山にある本社近くに自宅用の土地を購入した。家族と過ごす時間がほとんどないので、夕食を一緒にとって会社に歩いて帰ってこられる距離に家を建てようと思った。

実力主義、能力主義の世界に飛び込んで自らリスクを背負ってビジネスに挑戦し、成功をおさめるビジネスマンや起業家——新階級《ニュークラス》と呼ぶべき成功者が日本でも台頭著しい。特にIT関連分野では、ストックオプションなどで、億万長者になった二十代、三十代も出現している。

富める新階級が脚光を浴びるその一方で、厳しい現実が深刻度を増している。国際競争に晒されて消えていく企業、リストラの憂き目に遭うサラリーマンは後を絶たない。

元長銀マンのローン地獄

昨年（一九九九）夏、元長銀マンの小泉一郎氏（仮名・四十代）は、故郷の地方都市で高校時代の同級生の葬式に出席した。そこで高校時代に、亡くなったA氏と親しかった三人が顔を揃えた。

地元の名門高校を卒業後、一流大学に入り、小泉氏は長銀、B氏は官僚、C氏はマスコミへとほぼ希望どおりの進路がかなった。それぞれ三十歳までに結婚し、子供もいる。

A氏は家業を継いで、両親と同居していた。小泉氏が通夜の席でちょっとしたショックを覚えたのは、三人に対する遺族の反応だった。

「訃報を聞いて、真っ先に駆けつけたのは私でした。悄然としている遺族とお互いに言葉にならない挨拶を交わしました。最愛の息子、夫が若くして逝ってしまったのだから、言葉にならないのは当然だと思いました。

ただ、遅くなってBとCが現れると、奥さんもご両親も『わざわざ遠くから』とか『お忙しいのに』と何度も繰り返し、恐縮しているのです。私にしても同じ東京から駆けつけたのに、私にはその言葉はなかった。考え過ぎかもしれませんが、潰れた長銀の人間なら、忙しくもないだろうと思われたのかとひがんでしまうくらい、その態度には大きく差がありました」

この時、小泉氏は同級生の仲間の中で「勝ち組」と「負け組」が歴然としたように感じて愕然とした。

自分としては人生の「勝ち組」になるべく進学校を、大学を、就職先を選択してきたつもりだった。当時、長銀は給与も、ステータスも高かった。

小泉氏は、長銀幹部候補生として順風満帆だった。いま長銀が「負け組」となり、小泉氏は初めて自分の市場価値を思い知る。

「私たちの世代までは、銀行に入って幹部候補生になると、ゼネラリストを目指しました。銀行もそういう教育をしたし、私たちもそれを目指していれば間違いないと考えていました。ところが、いま長銀を辞めて再就職するとなると、求められるのはスペシャリストばかりです。ゼネラリストはせいぜい年収六百万〜七百万円の口しかないし、それも数少ない。職につけたところで、年収は半減するわけです。スペシャリストの方は、外資系に二千万〜三千万円で雇われたりしています。負け組の中でもゼネラリストはさらに負け組なのです」

小泉氏には住宅ローンが重くのしかかっている。三十代初めにマンションを購入した頃は、まさにバブル絶頂期だった。

「ほとんど借金で購入したのですが、いまこのマンションを売って、退職金も充てたとしても全額返しきれない。これを売ってもっと安くて狭いマンションに移るということができないんです」

背に腹は替えられず、両方の実家から借金した。この借金は一生引きずっていかなければならない。

生き残りをかけて日本の大企業はかつてない人員削減と給与カットを断行している。二十年以上続いてきた日本の総合商社・九社体制。その一角を占めてきた兼松は昨年、総合商社の看板を降ろすことを決めた。

中間管理職である早川一朗氏（仮名・四十代）が、悲惨なこの一年を振り返る。

「昨年五月、再建のための三ヵ年計画が打ち出され比較的得意な分野、食品や電子・情報といったコア部門だけは残し、それ以外はほぼ撤退することになりました。社長も交代し、新社長はメインバンクの東京三菱から送り込まれ、銀行管理・主導による猛烈なリストラが進められました。

社員については、七割近くをカットし三分の一にまで減らすことになった。その結果、千九百人いた社員が現在約九百五十人にまで減り、実に千人近くがたった一年間で退職を余儀なくされています」

残ることができた社員も大幅な給与カットを強いられる。

従来、大手総合商社は課長クラスの年収が千五百万円ぐらいだった。総合商社最下位の兼松でも、課長で年収千二百万円はあった。それが一昨年に一割カットされ、昨年の上期にまた一割、下期にさらに一割と、この二年間で実に三割給与カットされた。その結果、部長クラスでも年収一千万円に手が届けばいい方だという。

大幅な減収と将来への不安が、生活スタイルを変えた。早川氏は仲間を誘って飲みに行くことも、めったになくなったという。

「一回飲みに行けば五、六千円はかかる。以前なら何でもなかった金額が今では払えない。一層のリストラでいつ解雇されてもおかしくないという状況では、将来のことを考えて少しでも貯蓄に回したいという意識も働きます。交際費や物件費も、全て銀行によって厳しくチェックされるので、ほとんど使えなくなりました」

娯楽、教養に割けるお金も激減した。

「どこかに家族で遊びに行くということがまずなくなりました。本代もゼロです。すべて立ち読みか図書館で済ますようになりました。新聞も一般紙と日経を取っていましたが、ひとつはやめました。衣服にしても、以前はブランド物のワイシャツを買っていましたが、もうそんなものは買えません。同僚たちを見渡しても、男女を問わず冴えない服装の者ばかりです」

たまに大学の同級生で集まったりすると、銀行支店長などは未だにパリッとした格好をしている。銀行が公的資金で生き長らえたことを考えると、早川氏は複雑な心境になる。

退職勧奨、そして失業

もっとも、銀行など大手金融機関の管理職も、安泰ではない。社員の選別が進んでいる。山崎義彦氏（仮名・五十代前半）は、三十年近く勤めた大手金融機関を追われた。突然、退職勧奨を受けたのは例年行われる上司との面談の席だった。

「業界をとりまく環境は厳しい。ついては希望退職に応じてほしい」

虚を衝くような宣告だった。配付された『キャリアシート』にも、希望退職に応募するか否かを問う欄が設けられてはいた。

しかし、寿退職する女子社員や、転職を迷っていた社員が退職金の上積みにひかれてこの際応募し、無理なく百人や二百人は削減できるだろうと言われていた。

「私は、今回の希望退職に応募するつもりはありません」

山崎氏は、上司にはっきりと自らの意志を伝えた。

退職勧奨がなされたのは、山崎氏だけではなかった。そのほとんどは拒否、あるいは返事を保留したが、希望退職に応募しない場合は別会社に転籍になる旨をはっきり言い渡された。別会社とは系列の子会社や関連会社ではなく、転籍後は今までの業務とは何の関係もない分野でヒラ社員からスタートすることになる。

毎週一度、同様の面接が繰り返され、面接の最後には必ず、『退職願』のフォーマットを差し出された。やがて退職勧奨に応じない社員は自宅待機を命じられた。山崎氏もその一人だった。

山崎氏は、大学では金融関連のゼミを専攻した。卒業後、すぐにこの会社に就職した。

「私たちの世代は売手市場で就職は楽でした。大手金融機関に入ったのは、専門を生かせることももちろんですが、第一には将来の生活の安定でした。故郷の両親もそれを願っていました」

一貫して仕事の虫《ワーカホリック》だった。朝七時には郊外の自宅を出て、帰宅は深夜に及んだ。三十代早々に年収は一千万円を軽く超えた。三十代半ばで一戸建てを購入し、二人の娘は中学から私立に通わせた。専業主婦の妻は、よくボランティア活動に参加していた。

「仕事が忙しいこともあり、なかなかリッチな生活というわけにはいきませんでしたが、それでも夏休みには帰省のほかに必ず海や山に出かけ、冬休みもスキーやスケートに行きました。次女は稽古事に打ち込み、ヨーロッパ留学を夢見ていました」

自宅待機になったが、やるべきことが何もない。山崎氏は精神的に参ってしまい、ついに退職願を出した。

再就職支援会社では、正しい履歴書の書き方を教えてくれるのが関の山だった。年金関係の事務処理のために元の職場を訪れても、かつての同僚や部下たちはそそくさと席を離れた。失業したため、次女の留学という夢は、もう叶えられない。

「娘も私たち親の方も本気で留学を考え、準備も始めていたのに、娘にどう切り出したものか迷っています」

長女は昨年（一九九九）、私立大学の理科系に入り、初年度の学費だけで年間三百万円以上かかった。今年も二百五十万円はかかる。次女は留学どころか、大学も公立の文系でないと行かせてやれそうにない。何不自由なく育て上げて嫁に出したいと考えていたが、このままでは大学だけで貯金をはたいてしまうかもしれない。

「私たち団塊世代はサービス残業や不本意な異動、単身赴任も厭わずに滅私奉公しながら、実は会社に帰属する安堵感を享受していました。生活の安定だけでなく、決定することや考えることさえ会社に依存し、自分で決定したり考えたりしない。自己責任から逃げていたのかもしれません。我ながら、気が付くのが遅かった」

一流企業のサラリーマンの場合、かつては業界内であれば、企業間の賃金格差がつくことはあまりなかった。大手銀行の横並びの高賃金はその典型だ。

ところが、日本経済はグローバルスタンダードの洗礼を受けて、厳しい弱肉強食競争の時代に突入した。業界内でも業績の明暗によって「勝ち組」と「負け組」が鮮明になった。

たとえば、自動車業界。勝ち負けがはっきりしたのは、北米で乗用車の生産台数の伸びが好調な本田技研工業と、二万人の人員を削減するリストラ計画が進行中の日産自動車である。その影響は、春闘で合意した今年のボーナスにはっきりと反映されている。日産が四・〇カ月なのに対して、本田技研のそれは六・二カ月と、二カ月以上の格差がついた。本田技研の平均給与を四十二万七千円（平均年齢四十一・六歳。週刊ダイヤモンド調査）とすると、ボーナスだけでも八十五万円以上の格差がつくことになる。

「勝ち組」と「負け組」の所得格差は、業界内格差にとどまらず、一企業内でも広がっている。三和銀行人事部によると、社内カンパニー制を取り入れた市場国際部門（約一千人）では大きな賃金格差がついた。

「市場国際部門は、半期ごとの成果、つまりマーケットでの運用成績の数字を年二回の賞与に反映させることにしています。昨年十二月の賞与では、約四百二十人いる管理職の中で、賞与ゼロの人が出ています。この場合、最も多く貰った人との格差は一千万円ほどになりました」

従来の右肩上がりの経済を前提にした終身雇用、年功序列制賃金という日本的雇用慣行は、企業の成長期、企業規模の拡大期には効率的に機能するシステムだった。それが、バブル崩壊後の長引く不況と国際競争の激化で、日本企業は社員の処遇や勤務形態の抜本的改革を迫られている。

プロ野球型の完全年俸制

労働省の雇用管理調査によると、すでに大企業の二五％が成果主義による年俸制を導入している。自動車、金融、電機業界など日本の代表的な企業がどのような制度改革を行っているのかを見てみよう。

トヨタ自動車では、昨年十月から個人の能力・成果が賃金に反映される制度に改めた。係長以下の事務・技術職を対象に年齢給を廃し、職能資格等の「職能基準給」と職務遂行能力の評価「職能個人給」の比率を五〇％ずつにしたのである。

「係長クラスの上級専門職では、職能基準給が月額一律二十二万七百円。これに職能個人給が上乗せされることになります。職能個人給の上限は三十二万円で、この範囲で給与格差がつきます。また、課長職以上の管理職については平成二年からすでに能力給を導入しており、実績によってかなり違っています」（トヨタ自動車広報部企業広報室）

激変の波は大手銀行とて例外ではない。

さくら銀行の改革の特徴は、年功給を廃止したことである。平成七年から管理職に対して成果主義を導入し、すでに支店長クラスで年俸ベースでは最大四百万〜五百万円の差がついている。昨年（一九九九）七月から実施された新人事制度では、従来の給与制度の基本であった職能資格制度を完全にとりやめ、新たな職務等級制度を導入した。

「当行が新たに導入した職務等級制度は、これまでの年功要素によって決まる資格を完全になくし、給料はポストに対して支払われる『職務給』（十五等級に振り分ける）と目標管理に基づく『成果給』によって決まってきます。両者の割合は人によって違ってきますから一概には言えませんが、だいたい六対四から七対三といったところです」

大胆な人事・給与体系の変革を実施し注目を集めているのが、日興證券である。

「課長以上の管理職の年俸制は、昨年初めからスタートしました。基本給部分では、最低六百万円を保証し、最高千三百万円までの間で能力やポストに応じて決まります。

この年俸制の大きな特徴は、賞与で最大四倍の格差があり得ることです。賞与には最低保証はなく、ゼロから基本給の四倍までの間で決まります。つまり賞与ゼロの場合の年収最低額は基本給のみの六百万円です。一方、基本給の四倍、上限の賞与が支給された場合の年収最高額は、最高基本給千三百万円＋千三百万円×四＝六千五百万円になります。ということは、年収ベースで最大十倍以上の格差がつく可能性があるわけです」（日興證券広報部）

成果主義による年俸制を導入している企業は、日興證券のように基本給を定めている例が多い。しかし、三洋電機は基本給部分も廃したドラスティックな給与システムに移行することを明らかにしている。

「今年四月から全管理職を対象に百パーセント能力給の年俸制を導入します。年一回の査定で、その年の年収が決まるプロ野球型の完全年俸制です。課長クラスで三百五十万円、部長クラスで五百万円の差がつくでしょう」(三洋電機総務人事部)

三洋電機は、来春から年俸制の非組合員の新卒社員採用も始める。税理士などの資格を持っているか、学生時代にベンチャー企業を興した経験がある新卒者が対象で、五、六名の採用を考えている。初年度の年俸は新卒一般社員の二倍程度の八百万円。二年目からは実績によって年俸が決まり、上限の枠はないという。

新人事制度を見てもわかるとおり、会社が個人を守ってくれる時代は終わりを告げた。同時に日本社会を支えてきた結果平等主義も色褪せようとしている。

日本は、これまで貧富の格差が小さく、比較的平等社会だと信じられてきた。いわゆる「一億総中流意識」である。だが、その実、所得格差が八〇年代前半からじわじわと広がり、平等神話は崩れてきた、と京都大学経済研究所の橘木俊詔教授は指摘する。

「戦後、高度成長期に日本は北欧なみの平等社会であるとされてきました。ところが現在、まだ米国ほど不平等ではないが、イギリス、フランスなどヨーロッパの大国なみの不平等の高さになっています」

所得分配の不平等度を示す指標として、よくジニ係数が使われる。この指数は、所得が完全に平等な時に〇になり、不平等になると一に近づく。課税前所得で見ると、八〇年に〇・三四九だったのが、九五年には〇・四四一に上昇している。

「ジニ係数は、八〇年代前半から上昇しており、その頃から所得格差が広がっているといえます。わかりやすく言えば、高額所得者の変化はプロ野球の一流プレーヤーの年俸に表れています。十五、六年前は一億円で騒がれたが、いまは五億円プレーヤーが何人もいる。一方で、生活保護受給世帯は一九九五年に六十万だったが、九九年には百万を超える勢いです。要するに、日本社会は高額所得者と低額所得者が増え中間層が減る傾向にあるということです」

その原因として、橘木教授は、まず賃金格差のゆるやかな拡大が挙げられるという。

「特に最近は実力主義が浸透し始め、個々の能力に応じて給与に差がつく傾向が強まっています。また、日本の高齢化現象もあります。高齢者は過去の金銭的蓄積の差が大きく、個人年金や企業年金を受けて豊かな人がいる一方で、単身高齢者のように生活保護レベルの人も少なくない。そうした格差の大きな年齢層が増えていく結果、全体として階層分化が進行していると言えます」

日本にはないといわれた階級社会の出現と言葉を置き換えてもいい。

住友生命総合研究所の霧島和孝主任研究員によると、資産格差も当然、拡大している。

「我々の分析では、二千万円以上の金融資産を持っている人が世帯数で約二割ですが、その二割の人たちが全体の六割の金融資産を持っているんです。富める者は富み、貧しくなる者はある程度貧しくならざるを得ない傾向が強まっています」

その傾向は、教育の分野において顕著である。

たとえば、東大入学者の親の職業を調べると、七〇年代から一貫して医師や弁護士などの専門職、大企業の管理職などが約七割を占めていることがわかる。最近は、それに加えて東大入学までのプロセスにおいて有利、不利という点で新たな傾向が固定化しつつある、と東京大学大学院教育学研究科の苅谷剛彦教授は分析する。

「東大の合格者の中で、国立・私立の中高一貫校の出身者が八五年には五〇%でした。それが九九年には六四%と、この十五年間で一四ポイントも上がっています。かつては地方の県立高校からでも本人の努力によって東大に入ることができましたが、最近は高校に入ってから挽回しようと思っても、実はある程度、受験競争がそれ以前のところで終わっている可能性が出てきています」

貧乏人は東大へ入れない!?

今年（二〇〇〇）、東大（前期）の高校別合格者数を見ると、上位三校は開成（百四十五人）、灘（九十二人）、麻布（七十六人）でいずれも超難関校と言われる私立の中高一貫校が占めている。東大に象徴される有名大学に入るためには、小学校から進学塾に通って、有名私立校に入らなければチャンスが少なくなってきているのだ。

中高一貫校が伸びた背景は何か。苅谷教授はこう見る。

「この数年間、文部省は過度な詰め込み教育の反省から受験圧力を弱める教育改革を進めてきました。他方で、社会的に高い地位にいて、経済的にも教育費を十分に支出できる人たちは、教育改革のメッセージをそのまま鵜呑みにしないで、別のルートを選びとったわけです。

学歴信仰は弱まったとはいえ、企業間による賃金格差が歴然と存在している以上、『いい大学からいい会社へ』という流れは変わらないからです。それが、大都市圏における中高一貫校の伸びです。この傾向は新学習指導要領が導入される二〇〇二年からもっと強まるでしょう」

一九九八年度の文部省の学習費調査によると、幼稚園に二年通ったとして、高校までの十四年間の教育費を計算すると、すべて公立に通った場合は約五百十五万円。対して小学校以外はすべて私立に通った場合は九百四十九万円で、公立の約二倍の教育費が必要となる。これに進学塾の費用が加わる。

二人の子供を私立の中高一貫校に入れようと思えば、現実的には高所得者でなければ教育費を負担できない。つまり、親の経済力が子供の受験を大きく左右するのである。賃金格差が所得格差になり、それが子供の教育格差につながっていく。

医療の分野でも変化が起きつつある。国民医療費は毎年、一兆円規模で増え続け、保険財政は破綻しかねない。二年に一度の診療報酬の改正は、今年はわずか〇・二パーセントアップにとどまった。こうした厳しい状況下では、医療サービスの質の向上は望めず、医師の側からも健康保険患者はあまり儲かる患者ではなくなってきている。医療はこの先、どうなるか。

イギリスの例を紹介する。医療は保険診療で原則無料のナショナルヘルス・サービス（国民医療サービス）と、私費診療のプライベート・サービスの二本立てになっている。

前出・フィスコ取締役チーフアナリストの田中氏には切実な体験がある。

「数年前、まだ家族が日本にいる時期に妻が肺ガンになりました。日本の病院で余命半年と宣告されたのですが、わずかな望みを託して彼女の母国であるイギリスの病院に転院しました。私は迷うことなく私費診療のプライベートを選択した。ナショナルヘルスとプライベートでは、現実に大きな違いがあります。

たとえば、前者では何カ月も待たなければならない手術が後者では即日受けられる。あるいは、プライベートでは高度な設備の下で最先端治療が受けられる。病室も高級ホテルのような造りで、食事はレストラン並でした。

妻は幸い回復しましたが、最も効果があったと思われるのは一袋三十万円の抗ガン剤です。この他、病院の一泊が六万円、さまざまな検査に十万円といった具合で、一年半の治療でおよそ一千万円以上が治療費としてかかりました」

高額な医療費を払えなければ、高度な治療は受けられない。所得格差は、医療格差を生み、さらなる格差につながる。

日本でも低所得層に対する金融排除が始まろうとしている、と東京国際大学の田尻嗣夫経済学部教授は警告する。

「いま日本では、一人が五、六冊の銀行通帳を持っていることはめずらしいことではありません。だが、欧米からみると、日本はきわめて例外的な国なのです。銀行口座を持つとコストがかかるというのは欧米では常識で、小口の振り込みしかない、あるいは口座維持手数料を負担するだけの残高のない人たちは銀行から閉め出されているんです」

アメリカでは、低所得層の三八%が銀行口座を持っていない。

銀行の顧客階層別資料

イギリスのロンドンでは、五世帯に一世帯は銀行口座を持っていない。また、ある特定地域から金融機関の支店を閉鎖する動きも出ており、ロンドンでは、比較的貧しい人たちの多い地区を中心に銀行支店が閉鎖された。その結果、行政区の二八％が区内で銀行にアクセスすることが事実上不可能になっているという。

「顧客を選別するというのは、市場経済と企業の合理性からいえば当然のことです。しかし、顧客選別を一斉に急激な形で行うと、歓迎されない立場にある人たちが社会全体として、非常に大きな階層として金融システムから脱落してしまう。日本では、そういうことは起こらないという人たちがいますが、そんなことはあり得ない。そうやってでも低コスト化をはかろうとしている金融機関と、日本の金融機関が競争していかなければならないからです」

日本のある大手銀行が、実際に顧客階層別の収益改善計画を進めているのをご存じだろうか。入手した資料によると、顧客を収益性の高い順に「FA層」（一・九万人）、「ゴールド層」（十万人）、「コア顧客層」（三百二十三万人）、「一般顧客層」（五百七十四万人）の四段階に分けている。

収益性の高い資産家層である「FA層」はわずか一・九万人ながら業務純益は三百十六億円と、顧客一人当たり約百六十六万円もの収益をもたらしている。これに次ぐ比較的裕福な「ゴールド層」も十万人しかいないが、業務純益は百四十六億円と顧客一人当たり約十四万六千円の収益をもたらしている。

しかし、圧倒的多数を占める「一般顧客層」は、収益をもたらすどころか百四十四億円の赤字になっており、逆に収益を圧迫している。この「一般顧客層」をどうするかが大きな問題である。

田尻教授の予測では、二、三年後に、新しく口座を開く人には、毎年口座維持手数料を求められるようになるという。

「金融システムを市場経済化すればするほど、伝統的な金融システムから脱落していく人たちが出る。脱落していく人たちを対象に、より収奪型の新たな金融システムが作り出される。圧倒的多数の一般大衆と、一握りの特権的な高所得者階層というのが出てくるでしょう」

そうなると、「持てる者」と「持たざる者」との二極化、すなわち階級社会化が加速する。階級社会は何をもたらすのか。市場経済化を急速に進めた欧米の例から考えてみる。

イギリスでは一九八六年、サッチャー政権下で、ビッグバン、金融自由化が一気に始まった。不振に喘いでいたイギリス経済は見事に復活すると共に中流階級、労働者階級は音を立てて没落していった。

当時、イギリスで金融ビジネスに携わっていた前出・田中氏が述懐する。

「万人に平等に恩恵を与えることはありませんでした。変化に沿って賢く動いた者、そして富を持つ者だけに恩恵を与えたんです。その結果、階級社会であるイギリスでさらに資産格差が広がりました。金融の世界で生きる者にとっても、まさに下克上、力だけが支配する弱肉強食の世界でした。結果としての数字だけが評価のすべてです。一度、相場で失敗した者は失格者の烙印を押されて、二度とシティに戻ってくることはありませんでした」

アメリカはどうか。一九八〇年代に規制緩和、市場経済化を急速に進めた結果、九一年を底に順調に経済回復を達成した。アメリカ経済は見事に蘇ったが、一方で経済効率を追求する勢いはとどまるところを知らない。

企業の雇用削減は好況下でも続いている、と第一生命経済研究所の齋藤俊一副主任研究員はいう。

「全米経営者協会の調査によると、ダウンサイジングで雇用削減を行った企業の割合は、九一年で五割超、九七年、九八年は少し減っていますが、九九年は再び増加に転じています。アメリカ経済は好調だといいながらも、職場を追われる人たちはかなりいて、弱い人は割をくっています」

所得格差もさらに拡大した。『「中流」が消えるアメリカ』を著した日本政策投資銀行の稲葉陽二国際部長によると、

「景気が回復に転じて、企業収益も上がっているのに、所得の低い層は実質的に賃金が停滞

したままでした。逆に最も年収の多い上位二〇%のグループは所得が大きく伸びました。ホワイトカラーの所得水準が上がらない一方で、医療費と学費は上がっていき、生活の逼迫感が非常に高まりました」

九〇年代初め、アメリカに駐在していたコンサルタントの前出・大藤氏は、アメリカ社会から「中流」が消えるのを目の当たりにしている。

「情報通信産業の台頭で、シリコンバレーでは、ベンチャーキャピタリストの集まる昼食会が盛んに開かれていました。毎週金曜日には、夕方になるとサンフランシスコへの道路が大渋滞になった。ネットで大儲けした、あるいは大儲けしようとする若者たちがシリコンバレーから週末をサンフランシスコで過ごすためにやって来てラッシュになるんです。

その一方で普通の会社のホワイトカラーたちは、OA化によって職を追われた。この時は、公共事業ではなく、マクドナルドなどのサービス産業がクビになったホワイトカラーの受け皿になりました。こうして中流は消えていったのです」

大藤氏の目には、日本が当時のアメリカを追走しているように映る。

アメリカでは、再び不平等感が高まりつつある。それでも社会的緊張に至らないのは、経済が好調であるとともに、有能な者は高い報酬を得てもよいという社会合意があるからだ。元来、国民性として競争を尊ぶし、自己責任に帰する精神もある。新規参入の自由が与えられ、リターンマッチも許される。

しかし、こうした社会合意がない日本では、アメリカより深刻な問題をはらむ可能性がある、と田尻教授は失業を例にとる。

「アメリカと日本の失業率は、同じように四％台ですが、アメリカの失業期間と比べると質的に違っています。日本の失業者、特に中高年の場合は一年前後も失業を余儀なくされることもある。しかも、その失業者がアメリカのように常に入れ替わっていくのではなくて底だまりになっています。三年後には失業率が六％に達するという厳しい見方もありますが、労働力の流動性をきちんと整備しなければ非常に問題が深刻化していくと思います」

日本は弱者や敗者に対するセーフティネットも整備していない。そもそもアメリカとは国民性も価値基準も違う日本社会に、弱肉強食の論理を剝きだしにしたアメリカ型競争社会をそのまま導入することに無理がある。

ゲイツと良寛に引き裂かれ

博報堂生活総合研究所は二十歳から六十九歳までを対象に「社会の変化と生活者の変化」という社会調査を二年ごとに実施している。その統計を一九九〇年と九八年で比較すると、現状に対する「不安度」「不満度」「怒り」の感情は大幅に高くなっている。

この傾向について、同研究所の関沢英彦所長がこんな感想を述べる。

「私はあるエッセーに、日本人は昼間はビル・ゲイツに憧れて、夜は良寛に戻ると書きました。つまり、昼間は市場競争原理の中で頑張っているが、夜は競争など忘れて静かに自分の身の回りのことを考えたいと思っている。いまの日本人はまさにビル・ゲイツと良寛に引き裂かれて、非常にストレスが高まっている状態になっています。しかし、おそらく矛盾を抱えたまま進んでいくのだと思います」

日本人が抱える「矛盾」は社会学者たちが協力して十年ごとに社会階層と社会移動を調べている「ＳＳＭ調査」を見ると、より具体的である。一九九五年のＳＳＭ調査では、所得の分配について次のような質問を行っている。

〈どのような人が高い地位や経済的豊かさを得るのがよいですか〉

それに対して「実績をあげた人」「努力した人」「必要としている人」「必要なだけ」「誰でも同じくらい」の四項目に分けて質問したところ、「努力した人ほど多く得るのが望ましい」と答えた人たちが全体の五七・一％でトップ、次が「実績をあげた人ほど望ましい」の二二・九％だった。

〈日本社会の現実はどうなっていると思いますか〉という質問には、「実績をあげた人ほど多く得ている」と答えた人が五二・六％、「努力をした人ほど」が一八・八％。現実に対する認識では「努力」と「実績」が逆転している。

東京工業大学大学院の今田高俊教授はこう解説する。

「この結果からわかることは、日本人は努力が一番望ましくて、その次が実績だと考えている。しかし、現実には実績が優先して、努力はそれほど報われていない社会だと考えているということです。これはアメリカ人には理解できないでしょうが、日本人にはよくわかる」

ＳＳＭ調査では、日常生活の中での重要度を質問している。注目すべきは高学歴、職業的地位、所得、財産などの「達成的地位」と、家族との信頼や社会参加活動、余暇のサークルでのリーダーシップなどの「関係的地位」が二対一の割合になったことだ。

今田教授が続ける。

「前者が物の豊かさを表すとすれば、後者は心の豊かさを象徴しています。つまり、日本人の三割の人たちは、ぎすぎすした人間関係ではなく、信頼感や親密感を求めているということです。アメリカ型の競争原理を導入すると、この三割の人たちを押しつぶしかねない。そうなると、いろいろな病理現象が出てくると思います」

九九年に日本労働研究機構が実施した調査でも、ほぼ同じ結果が出ている。日本人の意識造は基本的にあまり変化していないといえる。

藤実日本労働研究機構主任研究員（商学博士）は、危惧する。

ンタリティからいって、アメリカのような経営者が一般社員の何百倍の年収を人勝ち社会になったら、日本は崩壊の道を歩み始めるでしょう」

を避けるにはどうしたらいいか。もはや規制緩和、市場経済化の流れを止めるこい。日本も、ある程度の所得格差、それから派生する階級社会化を覚悟しなければだろう。しかし、だからといって、社会のあり方まで弱肉強食のアメリカ型を選とはない。

日本はアメリカ型でもない、日本型でもない〝第三の道〟を模索できるだろうか。

『文藝春秋』二〇〇〇年五月号

「結果の不平等」をどこまで認めるか

橘《たちばな》木《き》俊詔《としあき》（京都大学教授）

『日本の経済格差』をめぐる論争

わが国は二極化が進んでいる。所得分配の平等度（ジニ係数という指標を用いて計った）の変遷をみると、戦後二〇～三〇年間は平等度が高く、一九八〇年頃から不平等が拡大していることがわかった。これは中間所得層のウエイトが減少し、高所得層と低所得層のウエイトが上昇していることを示す。これが貧富の格差拡大という二極化の意味だ。

国際比較の視点から所得分配を調べてみると、高度成長期においてわが国は北欧や中欧並みに平等性が高いといわれた。しかし最近では、先進諸国で最も所得分配の不平等性が高いアメリカほどとはいわないまでも、ヨーロッパの大国、すなわちイギリス、フランス、ドイツ並みの不平等度になっている。いわば普通の国になったのであり、平等神話の崩壊をうかがわせている。わが国のユニークなところとしては、効率性と平等性の両立に長所があるとされていたが、それはもう存在しない。

実は、平等神話の崩壊ないし二極化現象は、所得という最もわかりやすい経済変数のみならず、社会階層といわれる職業、教育、そして資産においても同様にみられる。親のステイタスが子供のステイタスにそのまま受け継がれる社会、そして高資産がそのまま継承される社会になりつつある。階層間の職業移動がなくなり、いわば世襲や遺産相続によって、階層分化が顕著になっている。

以上のことを『日本の経済格差—所得と資産から考える』（岩波新書）で明らかにしたが、特に所得の分析に対してさまざまな批判が寄せられた。ここでは私の主張を繰り返すよりも、それらの批判に答えることによって、できれば私の言いたいことをより鮮明に、かつそれに説得力を持たせるようにしたい。ただし、批判の中には正当なものも多いので、それは率直に反省として述べておきたい。

それらの批判は四つに大別される。

(一)わが国の所得分配の不平等の進展は高齢化の反映である。すなわち人口の年齢構成の変化が格差拡大に大きく作用しているので心配しなくてよい。

(二)主な資料として用いた厚生省の『所得再分配調査』に依存して、国際的に比較することは、注意を要する。

㈢所得の定義は国によって異なるので、定義を共通にして比較するべきである。

㈣経済の不振を立て直すには、所得格差の拡大はむしろ歓迎すべきで、現時点ではこの問題は無視してもよい。

それでは、以下この四点について検証するとともに、この平等神話の崩壊という事態を前に、いまわが国に何が求められているのかを探ってみたい。

それぞれの格差——高齢者間・世代間・個人間

まず、第一の批判である。高齢化はわが国の所得分配を不平等化させた要因であるということは、私も本の中で主張している。たとえば、低所得者の多い独居老人の比率が増加していることなどを指摘した。しかし、高齢者間の所得分配が大きく不平等化している事実を、私の本の中で統計的に提示していないので、第一の批判は正しいというよりは、私の本の欠点を補完してくれたものといえる。ただし、高齢者間で所得格差が拡大している事実は、高齢者間の貧富差がひろがっているということであり、これはいわば二極分化を意味する。これが深刻でないとはいえない。したがって、たしかに高齢化は所得分配の不平等化に影響を与えたが、不平等化それ自体は、やはり問題なしとはできないのである。

高齢化に関しては、もう一つの側面がある。

わが国の賃金決定における年功序列制を念頭におけば、若年層と中・高年層の賃金格差は一般的に大きい。高齢化が進むと、必然的に賃金の高い年齢層が増大する。わが国では所得の構成要素として賃金のウェイトが高いので、世代間で所得格差がひろがるのである。わが国の所得分配の不平等化は、この要因を無視できない。しかし、いまやわが国といえども、賃金決定は勤続年数や年齢に左右されなくなりつつある。すなわち、勤続年数や年齢間の格差が縮小傾向にあるので、高齢化による賃金格差幅は将来的には縮小する可能性が高い。

しかし、こうして年功制が見直されるとともに、能力・業績主義が浸透すると、たとえ同年齢・同勤続年数であっても働きぶりに応じて賃金が決まるので、むしろ個人間においては賃金格差の拡大が進行中であることにも注意しなければならない。しかも、企業間における賃金格差も競争の激化によって拡大しつつある。

以上から将来の賃金格差の動向は、世代間の格差に着目した縮小要因と、個人間の格差に着目した拡大要因のどちらが大きいかによって決まる。私の予想では、能力・業績主義が浸透して個人の賃金格差が拡大に向かい、そして企業間における賃金格差の拡大も手伝って、拡大要因がより優勢である。

平等神話を作ったデータを問う

第二の『所得再分配調査』についての資料批判は、当初所得（課税前所得）の定義が他国の統計データと異なる性質があるという指摘は重要かつ注意を要する。たとえばアメリカの当初所得と比較することは不可能である。ただし、私が主に関心を示す所得の概念は、税や社会保障の貢献分を考慮した再分配所得なので、比較に問題はない。この再分配所得に注目すれば、最も不平等性が高い国は、やはりアメリカであり、順にヨーロッパの大国と日本が続き、最も平等性の高いのが北欧諸国と中欧の小国である。

なお、気になる点がある。それは厚生省の『所得再分配調査』が単身高齢者、ないし低所得者階級の標本を過大に扱っているという声だ。このため『所得再分配調査』は、所得分配が見かけ上不平等になる。逆に、総務庁の『全国消費実態調査』は、単身者の標本を過小に扱っているという声がある。単身者は一般に低所得者が多いので、『全国消費実態調査』は、所得分配が見かけ上平等になる。私は政府が厳正に標本抽出を行っていると信じているが、指摘したような傾向のあることは否めない。この両者を平均すると、わが国の真の姿があるのかもしれない。この両者を平均した結果、わが国の再分配所得の分布は、アメリカより平等性が高く、ヨーロッパの大国と同じ程度で、最も平等なのは北欧諸国であるという結論を支持できる。確実に日本の平等神話が崩壊しているといえるのである。

わが国政府がＯＥＣＤ（経済協力開発機構）に提供したデータ、すなわち『全国消費実態調査』による一九九七年の国際比較研究は、家族の人数を考慮して修正した等価所得という概念を用いている。したがって比較可能性はあるが、さきほど述べたようにこの統計はなぜか単身者の標本が少ないので、やや信頼性に欠ける。ＯＥＣＤの研究によれば、わが国の所得分配の不平等度は、先進諸国の加盟国のうち、中間あたりであるが、これも留保が必要となるのである。

ＯＥＣＤは一九七〇年代に先進諸国の所得分配の現状を比較したが、それによるとわが国は高度成長期において北欧・中欧並みに平等性が高かった。そして、この研究成果がわが国の平等神話を生む一つの要因となった。このとき日本のデータは『家計調査』が用いられていた。『家計調査』は単身者と農家が標本から除かれていたので、これも低所得階級が排除されていたことを意味している。だから、わが国の所得分配の平等性が高かったという事実に対しても疑問を持たざるをえない。過去の日本社会の所得分配平等神話も、実態はいわれているほどではなかった、という解釈も可能である。私はこの説を支持しているが、歴史家によって検証されるべきものであろう。

ついでながら、『家計調査』を用いて、時系列変動を調べるには問題がある。なぜなら、

『家計調査』は単身者数の増減が所得分配の変遷に影響を与えることを考慮できないからである。

ここまで述べてきたように、わが国の所得分配はどの統計資料を用いるかによって、国際比較上の地位が異なってくる。総合的に判断すると、すでに述べたことでもあるが、所得分配の不平等性が最も高いのはやはりアメリカであり、次にヨーロッパの大国と日本が続き、最も平等性の高いのが北欧と中欧の小国である。確実にいえることは、わが国には北欧諸国と同等の平等性は存在していない。わが国の平等神話崩壊は確実である。ついでながら、一九六〇年代から七〇年代に関する平等神話も、実は虚像であった、という仮説も検証に値する。

生活水準のわかる所得の定義を

第三の批判である所得の定義については、『所得再分配調査』の当初所得の定義が通常のそれと異なると前に述べたが、ここでは具体的に何が問題と指摘されたかを見てみよう。『所得再分配調査』では、公的年金の支給額が当初所得ではなく再分配所得に計上されているることが問題とされた。つまり、引退者の当初所得に公的年金支給額が計上されていないので、高齢者の当初所得が相当低額になってしまうのである。その他にも、医療費の現金給付等が同じ課題を含んでいる。これらが標本全体の当初所得による不平等度を高めているのである。

この批判に応えるために、まず、当初所得に公的年金支給額を含めるべきかどうかの問題を原則論として考えてみよう。アメリカなど多くの国々では、公的年金をはじめ社会保障の給付額を当初所得に含めており、その当初所得から税金を差し引いて、課税前所得と課税後所得の双方を計測しているようである。

わが国の『所得再分配調査』ないしその基礎になっている『国民生活基礎調査』は、社会保障の担当部局である厚生省がデータ収集している。彼らが、自分たちの業務である社会保障制度がどのような再分配効果をもっているかを知るために、公的年金や医療給付を再分配所得に計上したことは、それなりに正当性がある。現に『所得再分配調査』では当初所得、課税後所得、再分配所得の三者の統計が示されており、税による再分配効果と社会保障（保険料拠出と給付の双方を考慮）による再分配効果を別個に計算しているのである。

世界の大勢は社会保障給付額を当初所得で計上しているが、社会保障独自の再分配効果に注目すれば、それらの再分配所得に計上することは、一つの目的に基づいているのであって、あながち否定できるものではない。

むしろ留意すべきことは、当初所得として何が定義されているか、すなわち社会保障給付額が含まれているかどうかを入念に吟味してから、当初所得に基づいた国際比較に取り組む必要性があるという教訓である。私の不注意は率直に反省する。所得概念を共通に調整して、はじめて比較が可能ということがいえよう。

しかし、重ねていうように、私の最大の関心は再分配所得である。再分配所得では、税金と社会保険料は差し引かれるうえ社会保障給付額は加算されるので、ほとんどの国の所得の定義に共通性が高い。しかも、生活水準を示すためには、再分配所得のほうが当初所得よりも直接指標としてより説得力があるという点も大切である。

「機会の平等」を確保せよ

第四の所得格差是認論が、最も論争的な批判である。頑張る人や貢献度の高い人と、そうでない人の間の賃金格差を是認し、前者の成果報酬と勤労意欲を尊重する思想である。私もこの考え方を原則的に支持する。現に私の本の中でも、賃金や昇進における年功序列制から能力・実績主義への転換を主張している。

問題は所得と賃金のちがいである。賃金は労働への対価なので、労働者の生産性、すなわち努力や成果に応じて報酬が決定されることは理にかなっている。しかし、所得は賃金プラス非労働所得であって、この非労働所得の役割に注目する必要がある。非労働所得は個人の努力によらない部分が多く、賃金とは異なる原理なり見方があってよい。たとえば、巨額の遺産を親から相続した人は、金融資産や土地資産の保有額が大きく、当然のことながら利子や地代の収入は多額になる。非賃金所得が所得分配の不平等に大きく貢献しているから、第四の所得格差是認論には反論の余地がある。したがって、第四の批判は賃金のみを念頭においているのか、それとも所得を念頭においているのかの差にも留意する必要がある。

次に重要な点は、能力・実績主義に忠実であるのなら、機会の平等が大切になってくる。すべての人が平等に教育を受ける機会、かつ希望する職業に就く機会を与えられなければならない。企業における人材の配置も同様である。すべての人が平等に機会を与えられてはじめて、公平な競争がなされるべきである。

ところが冒頭でも述べたように、わが国の機会の平等には黄信号がともっている。親の職業や所得の影響力が強くなってきており、教育・職業機会の平等が阻害されつつあるし、女性に対する機会均等は赤信号ですらある。親子間の遺産相続の実態により、遺産をもらえる人ともらえない人の差は歴然で、子どもの人生出発点にも平等性が確保されていない。

これからはＩＴ（情報技術）革命によって、情報に接しうる人や情報を解析できる人と、そうでない人の差も大きいかもしれない。最近のデータによると、パソコンが使える人は高所得者で、そうでない人は低所得者という。ますます所得格差が拡大しそうである。わが国では、機会の平等を達成することが、能力・実績主義への移行に際して大前提となるが、現状では、このことがまだよく認識されていないといえるのではないか。

機会の平等が保障された上で、人々が公正な競争の中に入り、その結果賃金に格差がつくことに異論はない。むしろ、これが人間社会の公正原理であるといえるので、結果の不平等は容認されよう。

非福祉国家・日本

ただし、どこまで結果の格差を認めるか、という問題になると複雑になってくる。たとえばアメリカでは、成功者の象徴である企業の社長の所得は、平社員の二〇〇倍の高所得を容認している。そして逆に、都市には敗者であるホームレスが多くあふれている。極端な大富豪と貧困者が並存するような大きな所得格差をさほど気にしないし、その原因の一つは当人たちの努力の差によると、アメリカ人は見なしている側面もある。アメリカン・ドリームは成功者と敗北者を生む社会であるし、アメリカ人の多くはそれに違和感をもたない。

究極的にいえば、どこまで結果の格差を容認するかは、個人の価値判断に依存する。アメリカのように多くの人が格差を認めている国から、北欧に目を移せば、スウェーデンやデンマークのように大きな格差を認めない国もある。それは、それらの国が福祉国家であるということから明らかである。しかも、それらの国では、所得にかけられる税金が所得税の平均税率においても累進度においても高いことによってうかがえる。所得の再分配を相当強烈に行って、行きすぎた結果の不平等を是正することに、国民の合意があるからである。

アメリカも北欧も市場主義と民主主義の国なので、国民一人一人の価値判断の違いが、再分配政策によって影響を与えている。つまり、多数決原理によって、結果の格差を容認する程度が決められてくるのである。わが国においても、階層分化が進み、かつ所得分配の不平等化が進行している中で、一人一人の価値判断が求められる時代になりつつあるといってよい。結果の不平等をどこまで認める社会になるのであろうか。

福祉国家でも当然のことながら、国民の税負担や社会保険料負担が高すぎるとして、国民が勤労意欲や貯蓄意欲を失い、経済効率や経済成長にとってマイナス、という主張がなされたことがある。現に北欧ではこれが原因で、社民党政権が倒れて、保守勢力が実権を握ったこともある。イギリスでも戦後五〇年間、保守党と労働党の福祉をめぐる激しい政治の対立があり、政権が何度も代わっているのである。

わが国は幸か不幸かこのようなことで政権が争われたことがなく、基本的に非福祉国家の政策が連続してとられてきた。しかもここ二〇年間は、税と社会保障に注目すれば再分配政策の弱体化が進行している。それはマル優の廃止、所得税の累進度の緩和、相続税の緩和、所得税の導入と税率アップ、社会保障の見直し、等々で明らかである。それだけに再分配政策の是非をめぐって、政治が鋭い対立を招く可能性を秘めているともいえる。そうであるとすれば、わが国もやがて西欧のように政権交代がひんぱんにあるような社会になるのだろうか。

以上をまとめ、先進諸国を大胆に分類しよう。「機会の平等・結果の不平等」がアメリカ。「機会と結果の平等」北欧。英仏が「機会の不平等」。それ以外の西欧諸国とわが国は、これら三つの中間である。わが国は今後どうなるだろうか。

最後に、わが国で見逃せないことに、セーフティ・ネットの貧困がある。競争社会の激化は敗者と弱者を生まざるをえないが、わが国はこういう人を救う制度的基盤が薄弱であった。失業保険、医療保険、生活保護等の分野でそれが著しかった。詳しいことは拙著（『セーフティ・ネットの経済学』日本経済新聞社、二〇〇〇年）に譲るが、わが国ではセーフティ・ネットを社会的に用意するというよりも、家族と企業（特に大企業）が社会保障制度の代替を行っていたといってよい。

家族の崩壊が進み、かつ家族の役割も変貌するなか、しかも企業の経済余力もなくなりつつあるわが国では、社会的にセーフティ・ネットを準備する必要性は高まっている。特に敗者や弱者をこれまで以上に生み出す可能性を秘めている社会、それに高齢者の数も増大して、年金や医療に不安のあるわが国では、このことを無視して競争だけを重視するのであれば、悲惨な結果に陥るかもしれないのである。それを避けるために、国民一人一人の税負担によって、セーフティ・ネットを充実させる必要がある。

もう少し具体的にいえば、社会保障の財源調達を、「社会保険料方式」から、「税方式」に変更することが、私は望ましいと考える。その根拠は、こういうことだ。

社会保険料方式では損得論議が避けられないうえ、将来給付への不安があるので、国民年金や医療保険において、未払い者と未加入者が急増中である。これに対して税方式では、「税方式を導入して将来も確実に給付を行う」と政府が宣言すれば、国民に安心感を与えることにつながるし、すべての国民を平等に扱うことにもなるであろう。

『中央公論』二〇〇〇年五月号

「中流層の崩壊」は根拠乏しい

大竹文雄《おおたけふみお》（大阪大学助教授）

所得格差を考える

Ⅰ　日本は不平等な社会か

日本はしばしば平等社会だといわれてきた。ところが、最近ではこの考え方に疑問を呈する人も出てきた。景気低迷で失業率が上昇するなか、所得格差に対する関心が高まっているのだ。

今回は（1）国際的にみて日本は本当に不平等な国なのか（2）日本が不平等化しているのは本当か（3）不平等化しているとすればそれはなぜか――という三点について、統計データを基に議論していく。

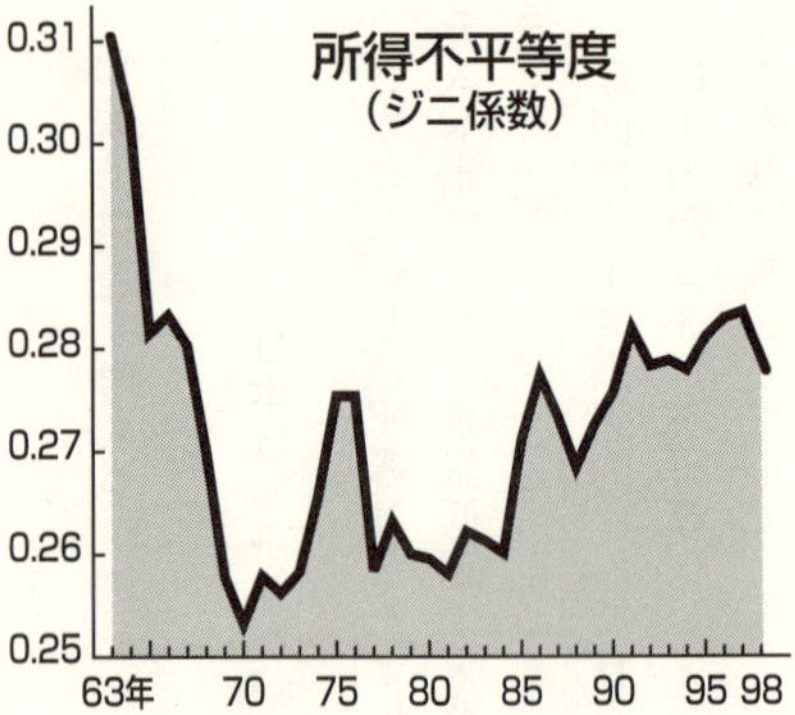

不平等に対する関心の高まりは、格差拡大に対する人々の実感を背景にしていると考えられる。例えば、バブル期にみられた資産格差拡大や金融業を中心とした賃金所得の高まりが、人々に格差拡大を実感させたのかもしれない。

また、多くの日本企業で賃金制度を年功的制度から業績主義へ移す動きがみられる。正社員を少なくして、パートタイマーや派遣社員への代替も進んでいる。正社員とパートタイマーなどとの賃金格差が格差拡大を実感させているとも考えられる。

いずれにしても多くの人々が、日本が平等な社会から不平等な社会へ変わりつつあると感じているようにみえる。

まず、日本の所得の不平等度が、どのように推移してきたのかを紹介しよう。

右のグラフでは、総務庁の家計調査の五分位階級データを基に計算した、課税前年間世帯所得のジニ係数という不平等度の尺度の推移を示した。ジニ係数は、完全平等のときにゼロ、一人が全所得を占めるような不平等のときは一をとる。

大まかにいって、高度経済成長期に日本の家計所得は平等化が進んだが、八〇年代半ばから現在に至るまで不平等化が進行している。では、日本社会は高度成長で達成した比較的平等な社会から不平等な社会に移行しつつあるといえるのだろうか。

結論をあらかじめまとめてみよう。日本が米国よりも不平等な国になったというのは間違いである。日本の不平等度が、八〇年代、九〇年代を通じて高まった要因は人口の高齢化である。また、高所得男性の妻の有業率が高まり、高所得夫婦の比率が上昇したことも影響を与えている可能性がある。

Ⅱ　米国よりも不平等か

橋木俊詔京都大学教授は「一九八〇年代後半や九〇年代前半で見ると、我が国は先進諸国の中でも最高の不平等度である。資本主義国の中で最も貧富の差が大きいイメージでとらえられているアメリカの所得分配不平等度よりも当初所得でみて我が国のジニ係数（不平等度の尺度）の方が高いという事実は、にわかに信じがたいほどの不平等度である」（『日本の経済格差』六ページ）と指摘している。

これは確かに衝撃的な指摘である。実際、橘木教授が示している統計では八九年において課税前所得の日本のジニ係数は〇・四三であり、米国は〇・四〇である。しかし、この国際比較は正しくない。

少し専門的になるが、橘木教授は日本のジニ係数を計算する際に厚生省の『所得再分配調査』という統計を用いている。この統計の「当初所得」という概念を「課税前所得」として、米国と比較している。

ところが、「当初所得」という所得概念は、ここで比較している米国の「課税前所得」とも日本の『家計調査』(総務庁)における「課税前所得」とも大きく異なる。その中でも重要な差異は「当初所得」は公的年金の受け取りを含まないが、退職金や保険金の受け取りを含むことである。この取り扱いは、不平等度を大きめに表す。

例えば、公的年金だけが所得の源泉であるという高齢者は、「当初所得」では所得がゼロである。これに対し、日本の『家計調査』や米国のCPSという所得調査では公的年金を所得に含めているので、所得がゼロにはならない。年金受給者が増加すると、このバイアスはより大きくなる。

筆者は同僚の斎藤誠大阪大学助教授と行った研究で「所得再分配調査」の所得概念を『家計調査』のそれに近づけると、ジニ係数が大きく低下することを確認した。左ページの表の「修正当初所得」が、『家計調査』の課税前所得概念に近いものである。九二年において、当初所得ではジニ係数は〇・四を超えているが、修正すると〇・三六と大幅に低下する。所得概念の正確な国際的統一は困難であるが、最近の経済企画庁の分析によれば、ある程度比較可能な統計のもとでは、日本の不平等度は先進国の中で中ぐらいであるとされている。

Ⅲ　高齢化が不平等の主因

日本の所得不平等度は、八〇年代、九〇年代を通じ、上昇してきている。この不平等度の高まりは何が原因であろうか。個々人についての賃金格差と、世帯全体の所得格差とを区別しながら検討しよう。

不平等の拡大は、バブルのために資産格差が開いたことが原因だろうか。産業間で賃金格差が開いたためだろうか。年俸制や業績主義的賃金が導入されたことが理由であろうか。

この中で、資産格差に原因を求めるのは無理がある。バブル崩壊で資産格差は縮小傾向にあるからだ。産業間賃金格差は、バブル時代に金融業の賃金が上昇したことで拡大したが、最近は金融業の賃金が逆に下がり、格差は縮小している。

日本のジニ係数

対象：25-75歳	ジニ係数	
所得概念	1980年	1992年
「当初所得」	0.3349	0.4199
修正当初所得	0.3217	0.3642
「再分配所得」	0.3151	0.3690
修正再分配所得	0.3023	0.3402

出所：大竹文雄・斉藤誠（1999）「所得不平等化の背景とその政策的含意」「季刊社会保障研究」

年俸制はどうか。個別企業レベルでは格差拡大につながった例が多いかもしれない。後に検討するように、大卒男性で四十歳以上の年齢層に限れば賃金格差の拡大は見られるが、学歴合計でみれば、年齢内賃金格差は、実に安定しているのである。

上のグラフでは、男性の年齢内賃金格差の推移を示した。ここで、賃金格差は、上から一〇%目の人の賃金は、下から一〇%目の人の賃金の何%高いか、という指標で示されている。

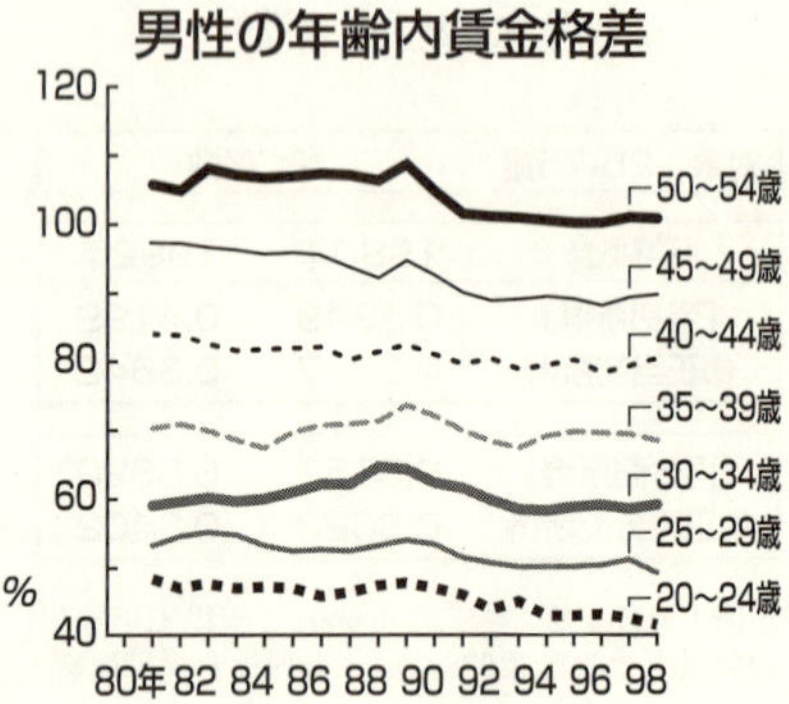

日本の年齢内賃金格差は、年齢層が若いほど小さく、年齢階級が上がるにつれて高まる。初任給の格差はあまりないが、年齢を経るに従い、昇進格差、査定による格差、企業規模間格差などが拡大する。この構造は過去二十年ほど非常に安定してきた。世帯所得でも同様の傾向は観察できる。

このように年齢内所得・賃金格差が年齢とともに大きくなり、その構造が安定している場合は、人口が高齢化すれば、経済全体の不平等度は上昇していく。人口構成の変化が不平等化の源泉であれば、これは「みせかけの不平等化」といえる。

同僚の斎藤誠大阪大学助教授と筆者は厚生省の『所得再分配調査』をもとに、八〇年代の不平等度の上昇を人口高齢化要因でどの程度説明できるかを分析した。その結果、三〇%程度はこの要因で説明できることが分かった。だが、賃金格差と異なり、世帯所得では同年齢内の不平等度も上昇している。その原因は何だろうか。

Ⅳ 増える高所得カップル

米国ブルッキングス研究所のバートレス氏は、米国の世帯所得格差の拡大の要因の一つに家族形態の変化があることを明らかにしている。すなわち(1)夫婦の間の所得の相関が強まったこと(2)単身者が増加したこと――という二つの事実で、一九七九年から九六年にかけての世帯所得不平等度拡大の理由の四割程度を説明できるという。

かつて高所得の男性の配偶者は、専業主婦か低所得のパートタイム労働者だった。ダグラス＝有沢法則として知られる有配偶女性の労働力率に関する経験則は、夫の所得が高いと妻の有業率が低いという内容だった。ところが、米国ではフルタイムで働く有配偶者女性の比率が急上昇し、高学歴・高所得カップルが増加した。

それ以前は、高所得男性の配偶者の所得は低く、低所得男性の配偶者は有業者となり所得を稼いでいたので、世帯間の所得不平等度は個人レベルでみるよりも平等化されていた。し

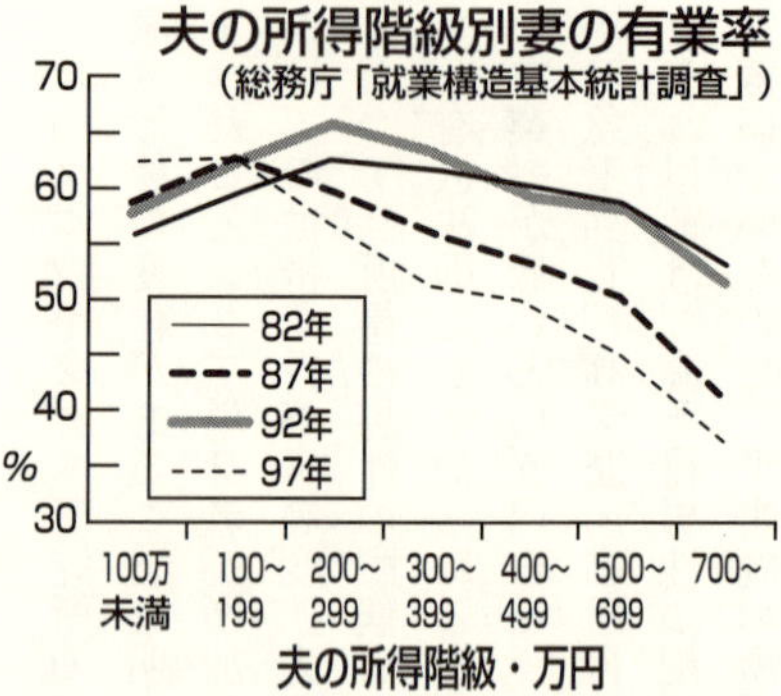

かし、高所得男性の配偶者も高所得女性となる比率が高まった結果、世帯レベルの所得格差の方が個人間の所得格差より大きくなる傾向が表れ始めた。

日本でも、高学歴女性がフルタイムで高所得を稼ぎながら高学歴男性と結婚する比率が高まっているのならば、同じことがいえるのである。

上のグラフでは、夫の所得階級別の妻の有業率を示した。八〇年代は低所得男性の配偶者ほど有業率が高いというダグラス＝有沢法則が明確に成り立っている。だが、九〇年代に入るとその関係は弱くなり、九七年には、夫の所得と妻の有業率の間には負の相関関係は観察されなくなっている。

その上、高所得の妻の比率は高所得男性の方が高く、その相関は近年高まっている。例えば、九七年において夫の年収が四百万円台の妻で五百万円以上の年収がある例は約二％に過ぎないが、夫の年収が七百万円以上ある妻で五百万円以上の年収があるケースは約八％に達する。しかし、八七年においては、夫の年収が七百万円以上で妻の所得が五百万円以上だったカップルの比率は約四％に過ぎなかった。

高所得男性の配偶者は専業主婦になるという世帯形態はかつて、世帯所得の平等化をもたらした。だが、高所得男性と高所得女性の夫婦が増えたことは、世帯レベルでの所得不平等度の上昇に寄与している。

V　格差拡大を感じる理由

日本の年齢内賃金格差は安定的で、経済全体でみた所得格差・賃金格差の拡大は人口高齢化と、ダグラス＝有沢法則が絶対でなくなっている（高所得カップルの増加）といった事実で説明できることを示した。

では、なぜ人々の不平等に関する関心が高いのだろうか。経済企画庁が実施した一九九九年『国民生活選好度調査』では「所得・収入に関して、その格差が十年前と比べて拡大したと思うか否か」という質問がなされている。ここで、全体では三八％の人が格差が拡大したと答えている。一方で「変化していない」「縮小した」という回答も多い。

格差が拡大したという回答が最も多いのは三十歳代と四十歳代である。しかも、所得が高い層ほど格差拡大を感じている。

学歴計で年齢内賃金格差を検討したときには、格差拡大は示されなかった。それでは、学

大卒男性の年齢内賃金格差

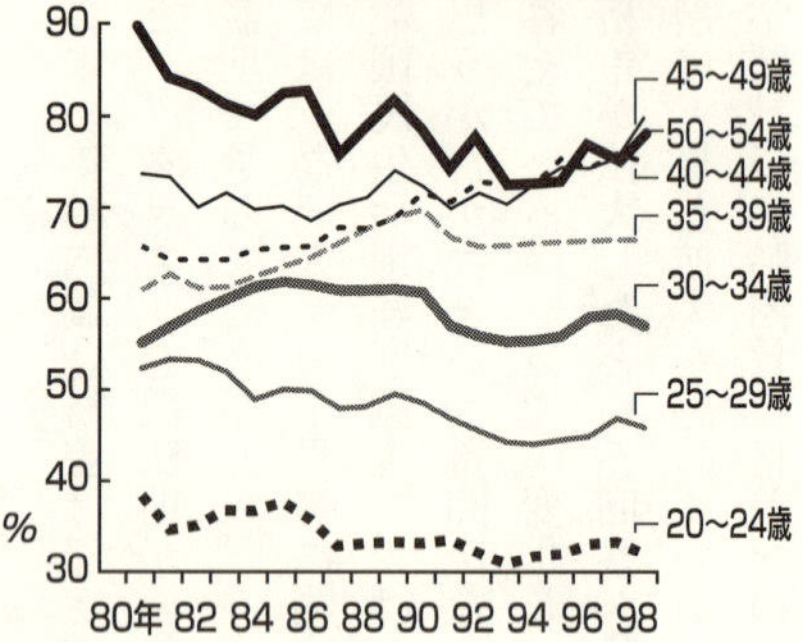

歴別にみるとどうであろうか。

上のグラフでは、大卒男性の年齢内賃金格差（上位一○%目と下位一○%目の比較）の推移を示した。この格差は、四十歳を境に特徴的な動きをみせている。四十歳代では、九○年代に入り、年齢内賃金格差が上昇傾向を示している。最近では、四十歳代以上の年齢内賃金格差の程度は、どの年齢層でも一致してきている。

どうやら、大卒男性の四十歳代における格差拡大の動きが、高所得層や、三十歳代、四十歳代が格差拡大の認識を強めていることの背景にありそうである。

確かに、大卒グループの中高年齢層では所得格差が広がっている。しかし、学歴計でみた同一年齢内の格差の動きは、安定している。おそらく、四十歳代の賃金格差の拡大は、年俸制の導入や業績重視型の賃金の導入といった企業の賃金体系の変化を反映しているのだろう。

高学歴化で大学への進学率が高まり、大卒ホワイトカラーの中でも人材のばらつきが大きくなったことが、大卒中高年の賃金格差の拡大をもたらしている、といえそうである。一方、高卒男性の年齢内賃金格差がほとんどの年齢階層で低下しているという事実がある。すなわち、大卒中高年への業績主義的な賃金体系の導入は、人材のばらつきの変化を反映している可能性が高いと考えられるのである。

VI

一九八〇年代から一貫して格差が拡大している労働者グループがある。フルタイム労働者とパートタイムの賃金である。経済企画庁が九九年に実施した『国民生活選好度調査』によれば、パート比率が高い三十歳代、四十歳代の女性には格差拡大を感じている人が多い。

パートタイム労働者をどう定義するかは難しい。ここでは労働省の『賃金センサス』における「一日、あるいは一週間における労働時間が他の一般労働者よりも短い常用労働者」をパート労働者と定めよう。

次ページのグラフでは、女性のパートタイム労働者の一般女性労働者に対する賃金率（賞与込み）の推移を示した。八〇年以降、一貫して賃金率が低下している。すなわち、フルタイムとパートの賃金格差は、一貫して拡大しているのである。

では、なぜフルタイムとパートタイムの賃金格差は広がり続けているのか。

第一の可能性は、フルタイムとパートタイムの労働者の能力格差の拡大である。しかし、

女性パート労働者の女性フルタイム労働者に対する賃金・雇用比率

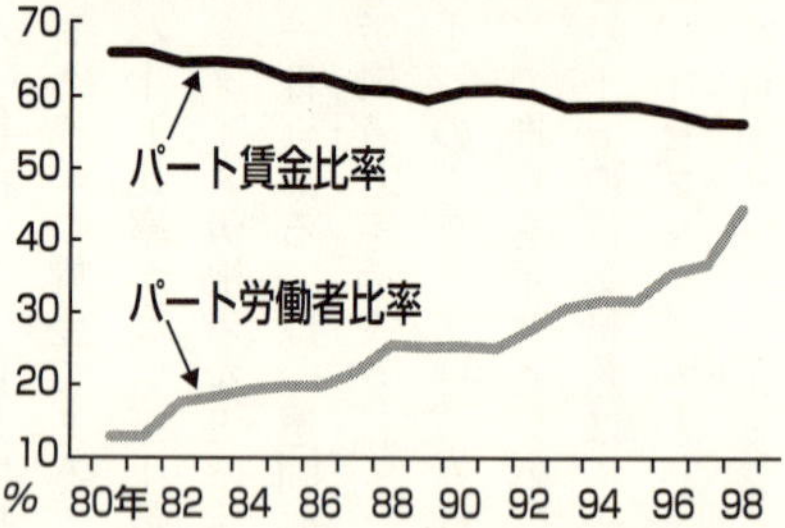

資料：賃金センサス

この点はパートの長期勤続化、高学歴化の進展と矛盾する。

第二の可能性は、労働需要側の動きで説明することだ。技術革新の結果、未熟練のパートタイム労働者よりも熟練フルタイムに需要がシフトしたならばパートの相対賃金は低下する。だが、この場合はパートのフルタイムに対する相対的な雇用量は低下しているはずだ。上のグラフが示す女性パート労働者の女性一般労働者に対する雇用者数の比率は上昇傾向で、フルタイムへの相対需要の上昇という仮説は否定される。

第三の可能性は、供給側の動きで説明することだ。企業の労働需要には変化がないと仮定し、女性のパートタイム就業に対する供給が増えたとしよう。この場合は、供給の増加でパート労働者の相対賃金が下がり、パートの雇用率も上昇する。つまり、パート需要よりもパート供給の増加が大きいという仮説は事実と整合する。

このような市場メカニズムでなく、単なるパートタイム労働者への差別で賃金格差が存在する可能性もある。だが、その場合はなぜ格差拡大が続くなかでパートの雇用率が高まるのか説明が必要だ。

『日本経済新聞』二〇〇〇年二月二十九日〜三月七日

「中流層の崩壊」は根拠乏しい

日本はしばしば平等社会だといわれてきた。ところが、最近では中流層が崩壊しつつあるのではないかという意見が出されるようになってきた。そのような中流層の崩壊を特集した雑誌も相次いでいる。しかし大半の意見はエピソードを中心にした印象論でしかない。多くは最近の事例だが、最新の統計データによって裏付けられたものではない。データの裏付けがないまま、中流層崩壊論を唱えるのは危険である。

中流層の崩壊を指摘する議論には、幾つかタイプがある。まず全体としての所得格差が広がっていることをその証拠とする意見である。最近の失業者の増大から、雇用されているものと失業したものの所得格差の拡大を指摘する声もある。

また企業内で年功的な賃金制度から成果主義的な賃金制度への変更が進められていることを理由にあげる人々がいる。さらには企業間競争の激化によって、企業間で賃金格差がつきはじめたことや、最近のネット関連株の乱高下にみられるようなベンチャー企業の創業者の創業利益をみて所得格差が拡大していることを指摘する人もいる。

どれもが一般の人々の直感と一致するためもあって、こうした指摘を受けると多くの人々は、日本の中流層は崩壊し二極分化しつつあると納得する。

しかし、所得格差を議論する上で注意すべきことが二つある。第一に、中流層の崩壊という議論とネット長者の発生、失業者の増加という所得分布の両端の人が目立つようになったという議論とは、別の話であるという点である。

中流層の崩壊とは、所得分布の中ほどにいるグループの人が極端に減り、所得の高い人と低い人に二極化することをいう。したがって、仮に所得の極端に低い層と高い層が若干増えたとしても、中流層の崩壊と呼ぶのは正しくない。

第二に、人口構成の変化の影響である。年齢とともに年齢内の所得格差は拡大していく。初任給の格差は小さいが、四十代、五十代になると業種間格差、規模間格差、企業間格差、企業内格差がすべて広がる。高齢化が進むと、全体としての所得格差は拡大する。

しかし同一年齢内の所得格差が、前の世代が同じ年齢階層のときよりも格差が拡大しているかどうかが、中流層の崩壊の議論にはより重要である。日本では同一年齢内の所得格差・賃金格差は拡大していない。つまり、全体としての所得格差が単に年齢構成の変化が原因で拡大していれば、中流層の崩壊とはいえない。

例えば所得が同じ二人の人が同じ宝くじを買ったとして、抽選前後を比べると所得格差は抽選後の方が高い。抽選の前に、宝くじに当たった人がいないから所得格差のない社会だというのはナンセンスである。人口高齢化の進行は、人生における宝くじ部分の抽選結果が出てしまった人が多くなることを意味する。

かつて日本が平等社会にみえたのは、単に若年層が多かったからというみかけの理由に過ぎなかったともいえる。現在、不平等になりつつあるようにみえるのは、年をとれば所得に格差がつくという日本の元来の不平等が表に出てきているにすぎない。

九四ページの図は男性の年齢内賃金格差の推移を示している。ここで賃金格差は極端に所得の高い人と低い人の影響を除くために、上から一〇%に当たる人の賃金は、下から一〇%に当たる人の賃金より何%高いかという指標で示されている。

日本の年齢内賃金格差は年齢層が若いほど小さく、年齢層が高くなっていくに従って広がる。初任給の格差は大きくないが、年齢を経るに従って昇進格差、査定による格差、企業規模間格差などが拡大していくのである。そして、構造は過去二十年ほど非常に安定している。世帯所得でみても同様の傾向は観察できる。

このように年齢内所得・賃金格差が年齢とともに大きくなり、その構造が安定的である場合には、人口が高齢化すれば、全体としての所得格差は高まる。

九四ページの図に示されたように年齢内の賃金格差に拡大傾向はない。それでは、学歴別にみるとどうだろうか。九八ページの図には、大卒男性の年齢内賃金格差の推移を示している。大卒男性の年齢内格差は、四十歳を境として特徴的な動きを示している。四十歳以上では、九〇年代に入って、年齢内賃金格差が上昇傾向にある。おそらく四十歳代の賃金格差の拡大は、年俸制の導入や業績重視型の賃金の導入や中高年におけるリストラといったことと対応している。

しかし、全体でみた年齢内賃金格差が拡大していないことから、高学歴化により大卒ホワイトカラーの中での人材のばらつきが大きくなったことが、大卒中高年の賃金格差の拡大をもたらしていると解釈すべきである。実際、高卒男性の年齢内賃金格差は、ほとんどの年齢層で低下している。

加えて最近の格差拡大を人々に強く意識させるようになったのは、賃金の低下があちこちで観察されているためだろう。年俸制の導入で賃金低下に直面したり、リストラでより低い賃金の企業で働くようになったり、パート・派遣労働に変わったことで正社員のときより賃金が低下するという事態が発生している。

こうした賃金の低下に直面した人々が、一部のネット産業に見られる高所得者層をみて、格差が拡大したと感じる可能性は高い。所得減少という長い間日本では経験しなかった事態と所得格差の拡大が同一視されている可能性がある。

中流層崩壊論には、「デジタルデバイド（情報化による経済格差）」を重視するものもある。確かに米国で、所得格差の拡大要因として有力視されているのは、情報技術（IT）などの革新が、ITを使える人への労働需要を急増させたためだ、という考え方である。

実際に米国ではパソコンの使用の有無が所得格差の原因になっているとの研究結果もある。ところが、いままでのところ日本ではITと所得格差の関連を示す証拠はない。もともと同一年齢内の賃金格差が拡大しているという証拠はない。

もちろん派遣労働者の賃金、就職の容易さなどにパソコンの使用能力が影響しているのは確かである。しかし全体としての所得格差の変動にどの程度影響を与えているかは不明である。

仮にITで多少所得格差が生じても、それ自体は必ずしも悪いことではない。所得格差がITの学習意欲を高めるからである。

その際政策的に必要なのは、IT学習のための資金がない人への補助である。学校教育でのIT活用もその意味で重要である。十分な能力開発機会があれば、ITは所得格差を長期間助長する要因にはならない。

これまで得られた統計を調べてみても、年齢内所定内賃金格差や年齢内世帯内所得格差が急上昇しているという証拠はない。はっきり格差が拡大しているのは、四十歳以上の大卒男性の中での所得格差である。

しかし他の学歴も含めると格差は開いていない。大卒ホワイトカラー中高年齢層に限れば格差拡大の表現は正しいが、中流層崩壊という表現は正しくない。

かつて学歴間格差という形で存在した所得格差が、高学歴化によって大卒内の所得格差拡大という形でみえているだけである。何事も冷静な分析を要する。

『日本経済新聞』二〇〇〇年六月二十三日

「階級社会」論（論壇時評）

田中明彦《たなかあきひこ》（東京大学教授）

一九九〇年代は、日本にとって「失われた10年」といわれたし、またバブルの崩壊から経済不況の継続は、日本に「第2の敗戦」をもたらしたとも言われた。もちろん、すべてが失われたわけでもないし、敗戦といっても本物の敗戦でないことはいうまでもない。しかし、それでもこの不況から抜け出すプロセスは、日本社会を確実に変化させているし、また日本人の意識も変えている。

多くの企業を保護する「護送船団」方式がもはや維持できないのと同様、企業内部でも人材の選別は進む。すべての社員を同等に扱っていては企業が立ち行かない。他方、有能な個人は自らの才能を活かして大活躍をするとともに、巨額の富をあっという間に身に着ける。一体、このような傾向は日本社会をどのように変化させるのか。ほとんどすべての人々が「中流」意識を持ち、終身雇用と年功賃金のもとにあると思われてきた社会秩序は根底からくずれてしまうのではないか。日本は「階級社会」になってしまうのではないか。このような問題意識が生まれてきている。

いくつもの個別の事例をあげながら、ビビッドにこのような社会変化を描いているのは、例によって『文藝春秋』である（「新・階級社会ニッポン」）。都内一等地のマンションを一棟丸ごと購入した億単位の年収をもつコンサルタント。イギリスに自宅と自家用飛行機を持ち、東京四週間、イギリス二週間を繰り返す経営者。これに対し、ローンを抱えて苦しむ元有力銀行幹部候補。大幅な減収で仲間と飲みにいくこともできなくなった総合商社の中間管理職。給与体系において急速に進む能力給と年俸制。これらの衝撃的なレポートに続き同論文は、「持てる者」と「持たざる者」との二極化、「すなわち階級社会化が加速する」と警告するのである。

ただしレポートの面白さに比べると、『文藝春秋』論文の分析はやや物足りない。その面では『中央公論』が大変充実した特集を行っている。この特集では、一九八〇年代から日本の所得分布の面での不平等化が進行していると論じてきた橘木俊詔・京都大学教授が、自説へのさまざまな批判に答える形で現状の解説を行っており、また稲葉陽二・日本政策投資銀行国際部長がアメリカにおける格差の現状と日本における所得不平等化の趨勢について丁寧な分析を行っている。

この二つの論文を読んだ評者の印象では、しかしながら、一九八〇年来の日本における所得不平等化の最大の原因は人口の高齢化であったということらしい。年功賃金制度のもとで高齢化が進めば、所得格差が広がるのは当たり前といえば当たり前である。しかし、この事態が指し示す現象をどう解釈するかについて橘木論文と稲葉論文はやや異なる見解を示している。稲葉論文によれば、これまでの所得格差の増大は、グローバル化にもかかわらず継続してきた固定的な年功賃金制度のせいであって、実績本位の能力給を広めていけば、若年層の所得が向上し、かえって所得格差は低下すると論じている。これに対し、橘木論文は、能力・業績主義が広まることは、世代間所得格差を狭めるが、企業間の格差や個人間格差の拡大要因の方が優勢だとし、不平等化は進むのだと論じている。

たしかに『文藝春秋』のレポートなどを読むと、橘木論文のいうような個人間格差の増大は現実に存在しているように見える。しかし、社会全体としての不平等がどの程度広がるかということになると、実はデータがまだ整っていないというのが実情ではないか。稲葉論文のいうように、データにあらわれた過去20年くらいの不平等拡大は、能力主義・実績主義の欠如によるのであって、最近の給与体系の変化とは関係ないようだからである。

さらに振り返ってみると、橘木論文も指摘するように、日本の所得がかつてどの程度まで本当に平等だったのかについてもさらに綿密な検討が必要かもしれない。しかし、そうだとすると今なぜそれほど格差拡大を心配するのかという疑問も生じてくる。

もちろん、社会にとって大事なことは実態としての格差もそうであるが、格差を人々がどのように認識しているかの方がより重要だという論点はありうる。これも『中央公論』の特集論文であるが、佐藤俊樹・東京大学助教授の論文がこの問題に興味深いデータと分析を与えている。佐藤論文によれば、八〇年代までは、父親がホワイトカラー上層でなかった人がホワイトカラー上層になる可能性は年々上昇してきたのに対し、九〇年代にはいってその可能性が大幅に低下したというのである。実態として格差があったにもかかわらず、八〇年代までは、多くの人々にとって中流になりうるという可能性が開けていた。父親よりもよい職業につくことが年々可能になりつつあるという意識を持てた。ところが、九〇年代にはいると、親の地位が高くなければ、高い地位にはつけないという傾向が強くなってしまったというのである。そして、佐藤によれば、この現象は「がんばることとの無意味化」をうみ、さらには「公平さをめぐるコンセンサスの裂け目」を生んでいるというのである。

たしかにがんばっても意味がないという風潮が広まるなか、所得格差が広がっていくとすると大変大きな問題である。こういう傾向の中で、能力と実績のみを基準とした競争原理のみを持ち込めば、ますます固定化した階級社会になるのではないかとも懸念されるからである。しかし、佐藤の研究においても九五年のデータをどう捉えるかという問題がありうる。

つまり、このような事態は、九〇年代末から二〇〇〇年の現在急速におこっている競争の現実というよりは、かえって年功序列的日本型社会の固定化の結果であるとみられないであろうか。稲葉論文が言うように、ここに自由で熾烈な競争を呼び若年層に機会を与える能力主義は、かえって「がんばること」に意味を与え、日本社会に活力を与えることにつながるのではあるまいか。

『毎日新聞』二〇〇〇年四月二十六日

◆「結果の不平等」をどこまで認めるか（橘木俊詔）
日本の所得分配は米国に次ぎ、英仏独並みに不平等だ　＝中央公論5月号

◆アメリカを悩ます「繁栄の格差」（稲葉陽二）　＝同
米国の若年層で起こった賃金の停滞が日本でも現実に

◆「新中間大衆」誕生から二〇年（佐藤俊樹）　＝同
高収入層の親子継承性の増大で生じた公平観の裂け目

◆衝撃レポート　新・階級社会ニッポン（『文藝春秋』編集部）　＝文藝春秋5月号
「勝ち組」「負け組」の実態とともに階級社会化を報告

リレー討論　中流神話は崩壊したか

（日本経済新聞）

第一回 「機会の平等」にも黄信号

橘《たちばな》 木《き》俊詔《としあき》（京都大学教授）

だれもが中流――。戦後日本人の心をとらえた「中流神話」が揺らぎ始めている。貧富の差の拡大は日本の経済社会システムを今後どのように変えていくのか。日本は階級社会の時代を迎えるのか。一回目はこの論争の火付け役である京都大学の橘木俊詔教授に聞いた。

――「中流の崩壊」が話題を集めています。日本社会は今、様変わりしつつある？

高度成長期の一九六〇年代、経済協力開発機構（ＯＥＣＤ）は日本の所得分配は北欧並みで、平等性が高いという内容の報告書を発表しました。そうしたデータに裏打ちされる形で、「日本は平等社会だ」という通念が日本の国内外に幅広く定着してきました。しかし、最近の世の中の様子を私なりに見回している内に、それは現実とかなり異なるのではないか、という問題意識を抱くようになりました。

そうした視点で各種の統計データにあたってみると、八〇年ごろから日本の所得分配の不平等度が高まっていることに気が付きました。「ジニ係数」という物差しがあります。ゼロと一の間の数字をとり、数字が高いほど不平等度が高いという指標ですが、日本の係数は近年急速に上昇しています。

――日本にはそもそも中流社会はなかったのではないかとの議論もありますね。

少なくとも石油危機の前まではかつて村上泰亮氏が著書『新中間大衆の時代』で指摘したような「一億総中流の時代」が確かにあった。しかし、今はどうでしょう。東京の新宿、大阪の大阪城公園に行けばホームレスが数多くいますし、最近は販売価格が一億円を超えるマンション、いわゆる億ションの完売のニュースをよく耳にします。平等神話が崩れ、貧富の差が広がっているのは生活実感からも明らかです。

――経済格差が広がり始めたそもそもの原因は何ですか。

高齢化の進展を挙げる人もいます。日本は年功序列賃金なので、中高年の方が若者より高い賃金を得ており、高齢者の数が増えたら所得格差が広がるのは当たり前だという議論です。でもそれだけでしょうか。競争激化を背景に、日本でも能力や貢献度に応じた報酬を与えなければいけないという論理が急速に台頭しています。高い賃金を得る人の絶対数が増えてきたのは間違いないでしょうが、一方で競争からはみ出た人たちも増えているのです。

——八〇年代が転機になったのには何か理由がありますか。

ちょうど高度経済成長が終わってパイの奪い合いが始まった時期です。「安定成長」ないしは「低成長」時代になると、パイ自体の拡大がないからおのずと奪い合いが発生するわけです。

——しかし平等神話の崩壊が日本社会への競争原理の浸透の結果であれば、多少平等性が損なわれてもやむを得ないのでは。

平等には「結果の平等」と「機会の平等」の二つがあります。結果の平等は所得や資産の分配などで数量的に測定も可能です。競争のダイナミズムが働く中、賃金に関して結果の不平等がある程度不可避なのは事実でしょう。しかし、実は機会の平等も同時に消えつつある。これは由々しき大問題です。

高度成長のころは頑張る人がそれなりに報われる社会でした。しかも教育にしろ就職にしろ親の地位などとは無関係に機会が保証されていました。しかし今では政治家の多くが二世もしくは三世議員です。現状が許容範囲か否かは個人個人の価値判断の問題だと思いますが、私は機会の平等は「黄信号」がともっていると判断しています。これ以上機会の不平等が進行するのはいけない、むしろ平等策を採れというのが私の意見です。

——「橘木説」に対し、政府関係者などから統計の読み方によっては格差は広がっていないと反論が出ました。再反論は？

私の著書『日本の経済格差』では課税前所得（当初所得）と課税後所得（再分配所得）の二つの所得のジニ係数を計算しましたが、課税前の方だと米国よりも日本のジニ係数が数値的に高くなった。なぜか課税前の方だけが注目を集め、米国より不平等だというのはあり得ないと反論の集中砲火を浴びました。私の説明に不足があったのは率直に認めます。

ただ、私の議論の趣旨は「日本が平等国家であるという通念が近年当てはまらなくなりつつある」という一点に尽きます。再分配後の所得をベースに計算したジニ係数で見ても日本の係数はやはり高い。繰り返しますが、日本はもはや北欧並みの平等国家ではなくなった。英国やフランス、ドイツ並みの「普通の国」になったのです。

――中流社会はともすると理想的な社会と見られがちなようです。なぜでしょうか。

「中流神話」を信じていれば、国民の間で摩擦が生じません。さらに、生活スタイルや人生設計もほぼ共通で、みんなで仲良く頑張ろうというインセンティブが働きやすかったからです。

――中流の崩壊が止まらないとすると、日本の社会はどういう方向に進むのでしょうか。

世界にはいろいろなスタイルの社会があります。米国流の機会平等・結果不平等の社会、北欧流の機会も平等・結果も平等、英国・フランス流の機会の不平等、結果もある程度不平等の社会――。国民の選択次第です。

欧州は戦後五十年間、この問題に関してものすごい闘争を展開してきました。保守と社民で頻繁に政権交代しているのは国民がその時々において適宜選択をしてきた結果の現れです。ところが、日本は幸か不幸か今まではうまく行っていたので政治の世界で問題が表面化する機会すらなかった。しかし日本もどういった形の社会を志向したらいいのかという議論を真剣にするべき時期に来ています。

――優勝劣敗が鮮明になると、勝ち残れなかった人が働く意欲を失い、社会全体として活力がなくなる危険はありませんか。

日本は敗者を出さない仕組みの社会でした。従って、失業保険や生活保護といった勝ち残れなかった人のためのセーフティーネットも重要視されませんでした。現在は企業倒産も失業率も着実に増えています。情報技術（IT）革命もそうした二極化の動きを加速するでしょう。敗者が出てこざるを得ない以上、リターンマッチの機会を与える制度を充実させていく必要があります。

かつて日本のセーフティーネットの担い手は家族であり企業でしたが、今や企業はリストラで余力がないし、家族の役割にも大きな変化が起き始めています。これからはセーフティーネットの担い手は個人が中心にならざるを得ないでしょう。

——充実したセーフティーネットを整備するとコストがかさみます。

確かにこれまで以上の費用がかかるかも知れません。しかし競争社会的な傾向が強まるほど、いざという時のセーフティーネットの準備や機会の平等が大切になってきます。機会の平等がないために本来有能な人が適切な教育を受けたり希望する職に就くチャンスを失うことを考えてみてください。それこそ社会的に大損失です。経済の効率を高水準に保つ点からも、機会の不平等に警鐘を鳴らしたいと思います。

二〇〇〇年五月二十一日

第二回　中間層の空洞化説は疑問

原《はら》純輔《じゅんすけ》（東北大学教授）

情報技術（ＩＴ）革命や金融の規制緩和の中で巨万の蓄財に成功する人々が出始めた一方で、社会保障の受給者も増えている。日本も米国型の格差社会に突入するのか。社会調査を基に「社会階層」を研究し続けている東北大学の原純輔教授に聞いた。

――「中流意識」を支えてきた中間層の凋落をめぐる議論がにぎやかですが。

ちょっと短期的な傾向にとらわれ過ぎていないか、という印象があります。景気の回復が遅れていることとの影響があり、循環的な浮き沈みが大きいのではないかということです。もう一つは、社会全体をバランス良く見渡す視点が必要ではないかと思います。最近の中流崩壊論は、主に高学歴ホワイトカラー、その中でも特に金融や情報産業分野の勝ち組、負け組に議論が偏っていませんか。

終身雇用社会からスピンアウトし、外資への転職や起業で成功したごく少数の人々がいる一方、リストラの悲哀を感じている一群の人々がいる。それは事実ですが、状況が誇張されて語られている感があります。

「中間層が空洞化する」と言っても、そもそもそれ以前の話として日本社会にヨーロッパ型の「階層」や「階級」があったのかという疑問があります。先の敗戦を機に、旧社会秩序が徹底的に崩壊しましたからね。

「階層」というからにはライフスタイルや生活意識などでほかと明確に区別できる共通の価値観のようなものがあるはずですが、そうした意識を共有した「階層」は、戦後なかったと考えています。

――「一億総中流」と言われた時代がありましたが、完全平等社会が達成されたという響きがありました。

それはまさに、階層がなかったことの裏返しです。だれも彼もいっしょ、ということですからね。

社会的評価の高い職業に就いていても所得は低いとか、その逆の場合もあって、日本では本来の意味での階層化は起きていません。

大卒が大企業に就職し、ある程度昇進も約束され、郊外に一戸建て住宅を建ててといった、それまでの定番コースが揺らぎ、競争原理の導入によって先の見通しが立ちにくくなってきたということはあります。しかしベンチャー創業者が株式公開で巨額の財を成したとか、成功報酬制度で億単位の年収を稼ぐディーラーが登場したとかは、まだ例外的な話題に過ぎません。

――前回のインタビューで橘木俊詔京都大学教授は、所得格差の程度を示す指標であるジニ係数を物差しに、所得の不平等拡大を憂慮する発言をしていました。

第一次オイルショック後の一九七五年ごろに、日本では平等化が最も達成されたと言われています。社会学者のグループが実施しているSSM調査（職業、学歴などの社会属性をもとにした聞き取り調査）でも、七五年以降、ジニ係数の上昇傾向が見られます。しかし五五、六五年当時は、現在よりも、もっと格差が大きかった。ジニ係数が今後さらに急拡大し、五五年レベルに再び戻ってしまうようなことはないだろうと考えています。いずれにせよ、もう少し時間をかけた判断が必要です。

そもそも最近のジニ係数の上昇は、幾つかの要因が重なって起きています。まず、高齢化社会です。所得の低い非就業の高齢者世帯が増加しています。また、女性の社会進出の影響があります。女性就業者は一般に雇用条件に恵まれていません。彼女らが独立した世帯を構成するようになれば、当然、ジニ係数の上昇要因になります。

橋木教授もほかのところで指摘していますが、世帯収入は世帯人数で違ってくる。それを考慮しないで単純に世帯ごとの所得を比較することは、あまり意味がありません。世帯人数を補正しジニ係数を求めると、格差は小さく表れる特徴があります。

――「平等社会」は神話で、これまでも格差は厳然とあったのですか。

将来の所得格差の要因になる進学率を調べても、以前から格差があってその状況が変わっていないことがはっきりします。高校進学率は一〇〇%近くになりましたが、大学進学率は三〇%後半から四〇%前後でここ二十年ほど変化していません。決して完全な「機会の平等社会」にはなっていない。

あたかも高度経済成長期の後半ごろ平等社会が実現し、それがまた不平等社会に逆戻りし始めたかのような議論ですが、実現した平等の内実をもう少し具体的に検討する必要があります。

基礎財、例えば衣食住のところで人間としての誇りを失わないレベル――ただ単に着る物があるというのではなく、ある程度のおしゃれもできる、だれもが世間並みの暮らしができるようになったという意味では、平等社会が実現しました。

しかし上級財については、大衆車に乗る人がいる一方、高級外車を自家用車にしている高額所得者層がいます。それは当時も今も変わらない。住宅の格差についても同様です。起きていることは「豊かさの中の不平等」なのだ、という理解が大切だと思います。

——規制緩和や自由化の流れの中で、「結果の不平等」が拡大し、日本でも特権的階層が形成される可能性は？

ないとは言えない。そしてほかの人たちは「格差の急拡大を目の当たりにして、努力しても追いつかない」と考え、社会的上昇システムから下りてしまう可能性が指摘されています。

しかし「豊かさの中の不平等」の視点からは、別の見方もできると思います。一応のものはそろった暮らしが達成されているのですから、なぜ、さらに豊かにならなければいけないのかと、疑問に思う人々が出てきても不思議ではありません。きっと金銭以外に人生の価値を追求する新しい社会層が登場してきます。地域でのボランティア活動に参加するとか。

そういう人々を「脱階層群」と呼んでいるのですが、所得格差は広がっても彼らの登場をして「中流の崩壊」と言うのは、ちょっと違うのではないかと思います。

——金融改革やＩＴ革命の果ては、日本もアメリカ型の不平等社会になると心配する声があります。

前回、橘木教授は「日本はもはや北欧並みの平等国家ではなくなった。英国やフランス、ドイツ並みの『普通の国』になった」と述べています。議論の前提として米国は格差が非常に大きい社会だが、北欧は小さいということがあって、「日本は北欧型から離れて双方の中間レベルに接近している」という理解なのでしょうが、実際のところこれまでも中間的な位置にあったし、これからもその位置関係に大きな変化はないだろうと考えています。

規制緩和が進み、産業構造が転換する中で、敗者が出るのは避けられません。しっかりしたセーフティーネット（社会的安全弁）の構築を急がなければならないということに関しては、橘木教授に同感です。

二〇〇〇年五月二十八日

第三回　所得みれば二層構造に

福原義春《ふくはらよしはる》（資生堂会長）

情報技術（ＩＴ）革命を契機とした最近の社会構造の劇的な変化は「中流論」をすっかり色あせた存在に変えてしまった。日本が直面しつつある状況は中流層の崩壊なのか、それとも単なる中流意識の変質なのか。大衆文化に深くかかわってきた資生堂会長の福原義春氏に聞いた。

――中流の崩壊を問題提起した京都大学の橘木俊詔教授に対し、東北大学の原純輔教授は「豊かさの中の不平等に過ぎない」と懐疑的です。一連の議論をどうご覧になりましたか。

国税庁の統計年報で給与所得の項目を眺めて見ると、人数の多い階層の所得が一九七三年以降次第に上がってきていること、この階層の国民全体に占める比率が八三年以降低下しつつあることの二つの傾向が読み取れます。これは中流でも所得が上の方に属する人の数が増えてきた結果、これまでの中流層が二つの層に分解し始めた証拠だろうと見ています。中流はもっと幅が広くなるでしょう。

普段私たちは深く考えずに「中流」という言葉を使いますが、この中流が最近になって変貌を遂げつつある、具体的に言うと「二層構造」に変化しつつあるのではないかというのが私の見解です。

所得分配の不平等度を表す「ジニ係数」という指数がありますが、そこからも面白い発見がありました。経済企画庁の九九年版「新国民生活指標」を見ると、ジニ係数は明らかに三十歳未満の世代が三十代、四十代よりも高いのです。

――すると若い世代の方が経済的な格差が大きい、不平等だということですか。

データを見る限りそういう結論になります。恐らく三十代より上の世代はマス（集団）として社会に出ていったし、社会の方もマスとして受け入れてきた。例えば年功序列賃金などを採用した結果、比較的格差がつきにくかったという経緯があるのでしょう。

上の世代になればなるほど、女性の就労者が少ないことも影響しているかも知れません。今の二十代以下の若い世代は情報技術（IT）革命など、情報化の洗礼を受けており、その分格差が広がりやすくなっている面も否定できないでしょう。そうした若い世代が三十代、四十代になっていけば、やがて日本はかなり経済格差のある社会になると見て間違いないでしょう。

――現在は中流社会が続いているけれども、近い将来崩壊に向かうのですか。そこまではどうでしょうか。というのは「実態的な中流」とは別に、「意識としての中流」があり、それが戦後の国民の共通感覚として長年存在してきたからです。例えば所得は結構多いのだけれども人並みの生活をして安心感を得ている人や、逆に所得は少ないのだけれども少々無理して人並みの生活をしている人たちがいます。それぞれ中流意識を持っているのがミソです。そういった人々の意識が今後どうなっていくのか。

私は原教授が述べていたように、人々の労働に対する価値観が徐々に変わっていくのではないかと見ています。その流れで「人々は中流の二層化を許容するようになるかも知れない」という気がします。「自分は中流に属する」という安心感から、このくらいの幅はあっても不思議ではない、やむを得ない、そういうコンセンサスが生まれてくるのではないでしょうか。

――つまり「意識としての中流」が大きな役割を果たすわけですね。

中流の二層化は見方によっては中流崩壊の序曲と言えなくもありません。しかし、二つに分かれても二つを足し合わせた「中流」は実はこれまでの中流よりもずっとボリュームが大きくなるのです。その結果、中流意識は今後も残る。もっとも、これからの中流意識はたくさんの価値観に分かれていくので、意識の拡散化、価値の分散化は避けられないでしょう。だからと言ってまったくばらけてしまう訳ではない。今は新しいシステムが出来上がっていく過渡期にあると考えるべきではないでしょうか。

——そうなると、企業が中流向けにモノを売るのが今までより難しくなりませんか。

もちろんそうです。ベクトルが外を向いているから全体に当てはめるようなビジネスは難しい。かつて「少衆化の時代」と言ったでしょう。しかし、掛け声はあったのだけれど、実際にはマスはマスできちんとあって、そのうちの突出した部分に少衆化が乗っているという構造でした。

少衆化が言われ始めた当時、マーケティングに「セグメンテーション理論」が登場しました。生活意識、社会意識、家族意識などを用いてそれぞれ細かいセグメントに分類、その上で攻略法を練る理論です。最近は「フラグメンテーション（個別化）理論」も出てきました。今日の日本社会を見ていると、本当にセグメンテーション型の社会に向かいつつあると実感します。

所得だけではなく、価値観やライフスタイルも拡散しつつあるわけですから、モノの売り方なども必然的に変わっていかざるを得ません。隣の家と同じ様な家に住んでいるけれどもうちは車だけは違うよ、とか。そうなれば車の売り方も変えなければいけないことになります。

――中流意識の拡散や価値観の多様化の時代になると、自らの価値観や選択が重要になってきます。しかし日本人は結局周囲を見てまねをしてしまうだけなのでは？

自分がないんですよね（笑い）。ただ、今の二十代はもう少し違った形になりつつあるのではないでしょうか。私の娘や息子の世代を見ていると、みんなそれぞれ自分の生き方を選択しています。皆さん普通の中流家庭の子供たちですよ。中にはあえて正社員として就職せず、「フリーターでいい」と言う人も出てくるでしょう。若い世代のジニ係数の上昇の裏にはそういう若者の意識変化もかなり影響しているのです。

――今の三十代とかもっと上の世代は今後どうなっていくのでしょうか。

会社内部の組織のあり方も随分変わると思います。ジャック・ウェルチはゼネラル・エレクトリック（GE）の会長になって「フリー、フラット、フレキシブル」を旗印に完全に水平な組織にする機構改革を断行しました。もし同じことを日本企業が実行したら、中間管理職はすぐに音を上げてしまうでしょう。きちんと部下を把握して「あなたにはこれを期待する」「こうして欲しい」と管理しなければいけない制度は不得手だからです。

しかし、忘れてならないのは来年（二〇〇一）からすぐに、劇的に変わるわけではないという点です。三十代や四十代の人々はしばらく思い悩むでしょうが、社会規範や秩序が変わるのは五年とか十年のスパンの話で、要はその間に適応する環境を自分で作り出せばいいのです。その知恵はあるはずです。

二〇〇〇年六月四日

第四回　能力差、逃げずに認める

高村《たかむら》　薫《かおる》（作家）

中流意識とは何かが問われる中、「豊かさの中の格差、不平等」は広がりつつある。最終回は『レディ・ジョーカー』など社会性の強い長編小説で、日本の深層に迫ってきた作家の高村薫さんに聞いた。高村さんは「現実に存在する格差を認める」ことから将来のあり方が見えてくる、と指摘する。

——これまでの討論では「中流の崩壊」か否かでは見方が分かれましたが、格差拡大という現実認識については共通性が見られるようです。

「一億総中流」という言葉が広がったとき、非常に違和感を覚えました。中流があるなら果たして上流、下層があるのか。その辺がはっきりしなかったからです。収入が幾らから幾らが上でどこからが中だといった絶対評価ではなく、自分を中心として上とか下とかという相対的なものだった気がします。結局、いつの時代にも自分より上はいるし、下もいると言い聞かせて、何となく自分は真ん中だと考えてきたのが「中流意識」ではなかったかと思います。

――一回目で橘木俊詔京都大学教授は日本は平等国家であるという通念が当てはまらなくなりつつある、と指摘しました。

私たちは、戦後民主主義の社会でみんなが平等だと教えられてきた。少なくとも義務教育という形でスタートは一緒で、だれでも頑張れば報われるのだ、頑張って勉強すればいい大学いい会社に入って、努力次第で上にも行ける、と親や教師に言われてきました。しかしその半面で、小学校に入ったときから、同じ授業を受け同じテストをすると、百点を取る子がいれば零点の子もいる。機会は均等だけれども結果は必ずしも均等ではない、個々人の能力には差があるんだ、ということを最初に思い知らされます。

頑張ればだれでもいい生活ができるというのは一面では確かです。しかし現実に個々人の能力の差が存在し、それが経済格差にもつながることを考えると、機会は均等でも結果は均等ではないことは動かしがたい事実です。個々の能力差や結果の不平等を認めるのが悪いことのように覆い隠して、それを言わないでおこうという方向で日本は進んできたように思います。

——機会は均等だが、結果の不平等は存在していたと。

そうです。それを覆い隠す役割を実質的に果たしてきたのが、消費だった気がします。高度成長期に生活が底上げされて豊かになったから、車を買ったり家族旅行を楽しむようになった。消費することで、人生についての格差を一生懸命忘れようとしたり、埋め合わせようとしてきたのです。

ところが近年、将来への不安が高まり、消費することにそう積極的にはなれなくなった。サラリーマンもポストが減り、収入も増えない。そうした中で、今まで消費で覆い隠してきたものが隠せなくなって、はたと格差に気付いたという状況にみえます。

では、日本人が今、どうしているかというと、消費の代わりに新たに「情報」で格差を埋めようとしています。少なくとも若い世代は、情報だけは平等でインターネットのツールさえもっていれば、全世界の人と同じ情報を共有できるという幻想をもっている。情報にのめり込むことで、個々人の能力や収入、将来性といった現実の格差を見ないでいるのだと思います。

——高村さんの長編小説『レディ・ジョーカー』などでは〝平等〟の現実に迫っていますね。

私が小説で書いてきた人物は平等という幻想をもっていない人たちです。自分たちが何者かを分かっている。自分は社会の上層に行ける境遇でもない、としっかり認識している人たちです。

——原純輔東北大学教授は「豊かさの中の不平等」の認識が大切と強調していますが。

私は、原教授が言われたように以前から格差はあったと考えています。豊かさにいろいろな種類があるし、今は豊かさの中にも不平等があるという感じですね。同じベンツでも、何千万円もする大きな車種を買える人と、小さいクラスに乗る人もいる。そういう差が出てきたのかなと思います。

——福原義春資生堂会長が指摘した中流の二層化については。

あるいは多様化なのでしょうが、それもA、B、Cと価値が増えたのではなく、全部の価値があいまいになっているのが現実ではないでしょうか。かつてはいい学校、いい会社に入るのが唯一確かな価値でした。ところが、ある時期からそれは良くないことのように言われ、人間にはもっとほかの価値があると文部省が言い始めた。でもその新しい価値が見えて来ないのです。

高い志をもって自分はこうしたことをしたいから会社勤めは困るという人はいるでしょうが、精神的に激烈な競争に対し「そんな競争をするのはいやだ」という人も多い。競争する前にあきらめる若者が増えたことをもって、果たして価値の多様化といえるでしょうか。そうした状況から何か新しいものが生まれたわけではありません。今、起きているのは価値の液状化です。

——現実の格差の存在を認めるところから出発すべきだと。

そこからスタートしないと議論は始まりません。「平等だ、平等だ」と言われることは、人を受け身にします。実際にはある格差や競争を覆い隠して「みんな平等なんだから、何をしてもいいんだよ」と言い聞かせる麻酔が効いてきたわけで、それによって日本人は競争に弱い精神構造になっているような気がします。今の若者たちは優しい、人との競争や摩擦、もめることを避けるといいますが、これは裏を返せば、競争に弱いということです。

——これまで社会的な勝者が必ずしも高く評価されなかった、日本も本来の競争社会になるべきだとの意見もありますが。

そのような短絡的な見方はしたくありません。戦後の日本が復興を目指して「経済、経済」と言ってきたのは仕方ありませんが、本当は同時にもっとやるべきことがあったのではないでしょうか。どういう国をつくるのか、日本人にとって幸せとは何か、といった一番基本的なところが何も固まらないままにきてしまったのです。根本的なところが何もないままに「平等だ」というあいまいなベールをかけてきたのは間違いですが、かといって、単に格差を認めて、金持ちは金持ちらしくというのは短絡的だと思います。

例えば、米国では最初から「競争があり、能力に差がある。だから経済的にも差があるよ」というきちんとした大前提がある。すると逆に、「それでは能力のない人たちをどう救うか」という議論がでてくるわけです。

日本人が今しなければいけないのはまず人間に能力の差があるという現実を逃げずに認めることです。それを認めると、経済の格差が存在することが認められる。機会の均等・結果の不平等を認めることです。そのうえで初めて、このような人間社会で、各個人がそれぞれどういう生き方をすべきか、あるいはそれぞれをどう救えるのか、という議論ができると思います。

II

「中流崩壊」に手を貸す教育改革

苅谷《かりや》剛彦《たけひこ》（東京大学教授）

はじめに

二十一世紀を間近に控え、日本社会のいやます閉塞感は、さまざまな制度の改革を迫っている。昨年（一九九九）二月に提出された経済戦略会議の答申「日本経済再生への戦略」（議長・樋口廣太郎アサヒビール名誉会長）や、あとで詳しく見る「二十一世紀日本の構想」懇談会（座長・河合隼雄国際日本文化研究センター所長）の報告書（本年一月提出）に顕著に見られるように、めざすべきは、集団主義や護送船団方式からの訣別であり、ヨコ並びの「結果の平等」から「機会の平等」への転換である。そして、「個」の自立と新たな公共性の創出が求められている。

「日本的システム」からの脱却をめざすこうした社会改造論の中で、キーワードとなっているのが、「自己責任」である。組織の安定や生き残りよりも個人の活力と創造性に価値を置くために——「個人」を中心に社会の再構成を進めるためには、自己に責任を帰する原則が何よりも確立されなければならない。そして、自己責任を改革の基本原則と見なす議論は、後に詳しく見るように、教育の世界でも根強い。

ところが、このような主張に対し、自己責任を負うべき個人が、どのような状況に置かれているか、さらには、個人を取り巻く環境がどのような変化の兆しを見せているのか、といった問題は十分に検討されているとは言いがたい。「あるべき個人」の理想から出発した議論は、実態の変化に足下をすくわれかねないのではないか。「自己責任社会」の建設には、どのような死角があるのか。この論文では、「結果の平等」の日本的な理解のしかたがはらむゆがみと限界を手がかりに、自己責任社会の担い手の形成にまつわる問題、すなわち、自己責任を負うべき個人の形成にかかわりをもつ教育の問題に焦点をあて、自己責任社会の建設に潜む問題点を明らかにする。

「二十一世紀小渕懇」と「経済戦略会議」の陥穽

議論の手がかりとして、小渕恵三前首相の委嘱による「二十一世紀日本の構想」懇談会の報告書を材料にしよう。この構想の中では、「個」の自立が日本社会を再生する切り札と見なされている。そこでは、「たくましく、しなやかな個」という理想が語られる。

これまでの日本社会は、個の自立を阻んできた。だから、日本を変えるためには、「たくましく、しなやかな個」が求められる。だが、個の自立を阻む主な原因は、「場の和を第一に考える日本人の傾向」である。その結果が「先進国のなかでは貧富の差が少ない社会を生み出す一方で、「個人の能力や創造力を存分に発揮させる場としてはむしろ足かせとなってきた」というのである。このような議論には、「和」を重視する日本人→「結果の平等」の強調→個の自立への足かせ、といった論理の展開が見てとれる。「『結果の平等』ばかりを問」うことで、「〝出る杭〟は打たれ続けてきた」。だから、結果の平等から機会の平等へと転換しなければならないというのである。

同様の認識は、「日本経済再生への戦略」の中でも、「21世紀の日本経済が活力を取り戻すためには、過度に結果の平等を重視する日本型の社会システムを変革し、個々人が創意工夫やチャレンジ精神を最大限に発揮できるような『健全で創造的な競争社会』に再構築する必要がある」といったように表現されている。

だが、このように指摘されている「結果の平等」とは、一体何を意味するのだろうか。「日本人のもつ絶対的とも言える平等感」とは何を指しているのか。

あとの議論を先取りすれば、「結果の平等」が足かせとなっているという見方を支えているのは、実はそれ自体が日本的な平等主義の考え方である。そして、この日本的な平等主義のとらえ方が一因となって、現在根深いところで生じている日本社会の変化から目がそれている。

この問題に答えるために、まずは、そもそも「結果の平等」という考え方が、どのような意味で、また、どのような歴史的文脈において登場したのかを探ってみよう。

「結果の平等」のルーツ

一九六五年六月四日、前年に黒人差別の撤廃をめざした公民権法が成立したことを受け、アメリカの黒人の名門ハワード大学で、ときの大統領ジョンソンが「諸権利の達成のために」と題した演説を行った。「貧困との闘い」のいっそうの強化を提唱したのである。そして、この中で、「結果の平等」というまったく新しい平等の考え方が示されたのである。

「長年にわたり、鎖につながれてきた人を解放し、競争のスタートラインに立たせ、「さあ、あなたは自由に他の人たちと競争ができる」と言い、それだけで自分は完全にフェアであると正しく信じようなどとすることはできない。機会の門戸を開くだけでは不十分である。われわれすべての市民は、この門戸を通り抜けるにたる能力を持たなければならない。これこそが、公民権のための闘いの、次なる、そしてより深遠な段階である。われわれは自由だけではなく機会を求める——たんなる法的な公正ではなく、人間的な能力を——、たんなる権利としての、理論としての平等ではなく、事実としての、結果としての平等を求めるのである。

「競争のスタートラインに」立たせるだけでは、過去から蓄積された負の遺産（＝差別や貧困）のハンディを取り除くことにはならない。だから、機会の平等だけでは不十分だというのである。これにつづく部分では、フェアな競争を可能にする条件の整備として、能力の発達の機会を保証しようという考え方が、「結果の平等」には含まれていたことが、さらに明確に示される。

二〇〇〇万もの黒人たちに、多くのアメリカ人と同じように、学び、成長し、働き、社会の一員となり、個人の幸福を追求することのできる能力を——肉体的にも精神的にも——伸ばすチャンスを与えることが課題である。

この目標のために、機会の均等は必要不可欠ではあるが、それだけでは十分ではない。どのような人種の男女も、さまざまな能力分布の幅（レンジ）は同じである。しかし、能力は生得的に決まるものではない。能力はどのような家族と生活をともにするか、どのような近隣に住んでいるか、どのような学校に行っているか、といった環境の豊かさや貧しさによって、能力が伸長されたり発達を阻まれたりするものである。

結果の平等とは、機会の平等の一層の徹底と、にもかかわらず、それでも公平な競争を阻む、歴史的に累積された負の遺産に目を向けて考え出された平等主義の考え方だったのである。だからこそ、この演説を受け、ヘッドスタートと呼ばれる補償教育（学校入学以前に教育上の文化的なハンディを克服しようとした）や、アファーマティブ・アクションと呼ばれる「結果の平等」政策（マイノリティに一定数の仕事や大学入学の枠をもうけた）が具体化していったのである。

この演説で表明された「結果の平等」という新たな平等の考え方に基礎を与えたのは、当時の労働次官補モイニハンが執筆した「モイニハン・レポート」であった。この内容を詳細に検討した黒崎勲によれば、『結果の平等』の概念は（機会の）利用能力の平等とグループ間の平等という二つの要因から構成されるものであり、もとより、形式的な平等に対する実質的な平等として一般化されるべきものではない」（『教育と不平等』新曜社、括弧内は引用者による）。ここでいう、「（機会の）利用能力の平等」とは、同じスタートラインに立っために、それまでの負の遺産をできるだけ除去しようとする「人間的能力」の発達の保証＝補償を指すことは明らかである。他方、「グループ間の平等」とは、一人ひとりの個人の違いを打ち消そうというのではなく、あくまでも、黒人など他の人種の人びとがグループとして、白人並みに機会の平等の恩恵に浴する条件の整備を求める考え方である。

日本的「平等感」の危うさ

日本版の「結果の平等」と、アメリカのオリジナルは二つの点で大きく異なっている。ひとつには、後者の場合、機会の平等だけでは不十分であるといった認識から、結果の平等（＝事実としての平等）を求めるといった方向で平等観の革新が起きた。ところが今日本では、結果の平等を脱却し、機会の平等へ向かうべきだという方向で平等観の変更が行われようとしている。図式的にいえば、〈アメリカ＝機会の平等→結果の平等〉に対し、〈日本＝結果の平等→機会の平等〉という、まさに逆立ちした構図である。

二つ目の違いは、「グループ間の平等」という視点の有無である。アメリカの場合には、社会の成員全員を等しく扱おうという平等がめざされたわけではなかった。マジョリティ・グループと同じ程度に機会の平等の恩恵にあずかることを求めた（だからこそ、不十分であったという批判が後に出てくる）。それに対し、グループ間の比較という理解ではなく、すべての個人を同じように処遇することに目を向けるのが、日本版「結果の平等」である。

このような違いに着目すると、日本における結果の平等という状況認識の特徴・問題点を、二つ指摘することができる。

第一に、日本版の結果の平等を下敷きにすれば、「事実としての（不）平等」には目が向きにくい。しかも、事実の検証抜きに、「横並び」といった日本文化論的な平等の理解をさしはさむことで、事実としての「結果の平等」が過度に実現しているといった誤解を与えてしまう。じっさい「二十一世紀日本の構想」の「日本人のもつ絶対的とも言える平等感」と深く関わるが、『『結果の平等』ばかりを問い、縦割り組織、横並び意識の中で、〝出る杭〟は打たれ続けてきた」という一文を正確に読めばわかるように、そこでは、事実としての「結果の平等」状態を問題にしているのではない。「『結果の平等』ばかりを問」う、そうした気分としての日本的な「平等感」が、「横並び意識」を生み、〝出る杭〟が打たれ続ける状況を作りだしてきた、と見ているのである。

ここでは、横並び意識といった心情をもとに、形式的な処遇の画一性を指して結果の平等状態とみなされている。それゆえ、結果の平等から機会の平等への転換が主張される中で、そもそも機会の平等がこれまでどれだけ実現してきたのかという事実に照らした検証も行われない。そこでの平等状態とは、アメリカ的な意味の平等からはほど遠いのである。

第二に、「グループ間の差異」という視点が欠けているために、すべての個人が能力や実績にかかわりなく同じ処遇を受けることを「結果の平等」として理解してしまう。それゆえ、結果の平等は機会の平等の不十分さを補うものであるという位置づけより、結果の平等が機会の平等を阻害していると見てしまう。これらの結果、日本版「結果の平等」は、事実としての不平等に目を向けることもなく、形式的な処遇の画一性を気にかけることに横滑りしている。

結果にいたるプロセスの形式的な画一性に目を向ける「横並び意識」とは、まさに、このような「平等感」にほかならない。しかし、どんなに横並び意識が強くても、そのことが自動的に事実としての結果の平等に結びつくわけではない。一例をあげれば、画一的な教育が、「結果の平等」のよく知られる事例として非難される一方で、そうした教育がもたらす事実としての結果の不平等（だれがどれだけの教育を受け、どのような教育を受けた人びとがどのような社会的な地位に就いているか）にまで目を向けて議論が起こらない。形式的に処遇が同じであることを確認すれば、横並びに安心してしまって、事実としての平等の検証に向かうことなく平等を問う意識は満たされてしまうのである。

しかしながら、教育の世界に限らず、「結果の平等」が実現していないことは、すでに数々の研究が実証的に明らかにするところである。所得格差が拡大していることを示す橘木俊詔の研究（『日本の経済格差』岩波新書）や、職業的地位の再生産が生じていることを示した佐藤俊樹の論考（『中央公論』五月号『新中間大衆』誕生から二〇年」、『不平等社会日本』中公新書）などである。さらにいえば、公務員や教員などの一部を除き、すでに日本の企業社会では横並びの集団主義や日本版「結果の平等」の理解とはほど遠い、厳しい能力主義的な競争が繰り広げられているという見方もある（熊沢誠『能力主義と企業社会』岩波新書）。

ところが、私たちの「平等感」は、こうした不平等の実態（事実）に根差すよりも、処遇の画一性に目を向ける日本版「結果の平等」に横滑りしてしまう。というのも、すでに拙著『大衆教育社会のゆくえ』（中公新書）で明らかにしたように、戦後の私たちは、平等・不平等を問題にするとき、実態よりも、感覚としての「平等感・不平等感」にしたがうことに慣れ親しんできたからである。

その原因の一端は、同じ会社や学校、同じ業界内といった閉じた空間の中で主たる競争が行われてきたために、人々はその集団内部における処遇の差異に関心を向けてきたことにある。例えば、自分とかけ離れた人びととの違いではなく、同じ集団に属する身近な人との微妙な差異が気になるのは、社会全体の不平等の実態よりも、「不平等感」がベースにあったからである。同じ会社内、同じ学校内、同じ業界内といった、閉じた空間の中で競争が繰り広げられたことにより、処遇の形式に目が向けられるようになった。その結果、個々の会社や学校や業界を越えたところにある、不平等の実態を問題にするのではなく、閉ざされた競争空間の中での処遇の微小な差異が問題にされてきたのである。こうして、横滑りした「結果の平等を問う」意識は、社会大の事実としての不平等を不問にしたまま、閉じた共同体的競争空間の中では「個人の先駆性」を抑圧するものとして作用しつづけた。

この閉じた共同体的空間における横並び意識を解体することが、結果の平等から機会の平等へという提言である。ところが、日本版・結果の平等の見方では、解体の過程で事実としての結果の不平等がどれだけ拡大しているか、それがどのような問題をはらんでいるのかということには目が届かない。一九六〇年代のアメリカほどではないにしても、現在の日本においても、特定の階層の人びとの不利な状況が再生産される「負の遺産」の蓄積が始まっているのかもしれない。そうだとしたら(その兆候をこの論文の後半で示すが)、結果の平等から機会の平等へという「発想の転換」は、思わぬところで足下をすくわれてしまう。そろそろ私たちは、これまでの状態を過度な「結果の平等」と見なしてしまう日本的「平等感」の危うさに気づくべきである。

教育改革における疑わしき個人モデル

ところで、「自己責任社会」の担い手は、金子勝の表現を借りれば、「強い個人の仮定」に基づく個人といえる。経済における「強い個人」とは、利益を合理的に見通すことのできる経済学の教科書に登場するような「合理的経済人」であり、政治の領域では市民社会の担い手になれるような、これまた政治学の教科書に出てくるような公民的モラルを身につけた「市民」である（『反グローバリズム』岩波書店）。

「強い個人の仮定」は、だれもが強い個人になれることを前提としている。そして、強い個人であればこそ、「自己責任」を担いうると想定される。こうして、循環論法的に、次のような結論が導かれる。すなわち、「強い個人の仮定」を基盤に構想される自己責任社会では、強くなれないのは、個人の責任である、と。つまり、「強い個人の仮定」は、個人の行為の結果を自己責任に帰することをあらかじめ前提として織り込み済みなのである。

しかしながら、どのようにすれば、「強い個人」は誕生するのか。自己責任社会の担い手たる「強い個人」の形成の問題に、ひとつの政策的な解答を与えているのが、教育改革の議論に示される「生きる力」と個性尊重の教育である。

中央教育審議会答申「21世紀を展望した我が国の教育の在り方について」には、「[生きる力]は、自ら学び、自ら考える力など、個人が主体的・自律的に行動するための基本となる資質や能力をその大切な柱とするもの」であるとの基本認識が示されている。この認識に明瞭に示されているように、「自ら学び、自ら考える」個人こそが、「主体的・自律的」に行動できる「強い個人」である。

さらに個性尊重と「生きる力」の育成をめざす教育改革プランでは、この「強い個人」をつくり出す手だてとして、学ぶ意欲や興味・関心を育てることが重視されている（『教育課程審議会答申』）。そしてその具体的な方法として、生徒の「意欲・関心・態度」を評価する「新しい学力観」に基づく評価法がすでに導入され、二〇〇二年からは生徒の体験的な学習・問題解決的な学習を図る「総合的学習の時間」がさらに取り入れられることになった。

このような関連を図式的に示せば、次のようになる。子どもに意味もわからないまま無理やり知識を詰め込むのではなく、子どもの意欲や興味・関心を高めるように教育を変えていくことで、「自ら学び、自ら考える」個人、「主体的・自律的」に行動できる個人を育てることができるという理解である。だからこそ、子どもにとって学ぶ意味のわからない知識を押し付けるより、子どもの生活との関連を重視した、体験的学習のような方法がよしとされるのである。

私の見るところ、この人間モデルの基盤を提供しているのは、心理学、より正確にいえば教育心理学である（なお、心理学と教育心理学との違いは、後者の場合には、心理的なメカニズムの解明にとどまらず、発達論的な観点からの望ましさについての仮定が忍び込みやすいことにあると考える)。自らの興味・関心に従い、自己実現をめざす、意欲あふれる個人、「自ら学び、自ら考える」個人——「内発的な動機づけ」にしたがった、自己啓発的な人間のモデルが、理想の教育がつくり出す「強い個人」である。

私たちがこのような個人の形成モデルを広く受け入れるようになった背景には、世俗に流通し単純化して理解された、教育心理学の学習モデルが提供する望ましい個人についての了解がある。

人びとが何かを行おうとするとき、その動機がどれだけ心の内側から発するものか。教育心理学の用語を使えば、「内発的に動機づけられているか」どうかによって、私たちの社会はその行為を価値づけることに慣れ親しんできた。強制や慣習に従うよりも、自発性が尊ばれる。金儲けや権力・名声の獲得といった、自分の外側にある目標をめざして行動するよりも、自分自身の興味・関心に従った行動のほうを望ましいと見る。個性を尊重する社会では、自分の内側の奥底にある「何か」のほうが、外側にある基準よりも、行動の指針として尊ばれるのである。個性尊重とセットになって語られることの多い自己実現も、自分の内側の「何か」が満たされた(to fulfill)状態である。個性の尊重とは、このような自己の内側にある「何か」を大切にする考え方にほかならない。個性の尊重と個人の自立を求める私たちの社会は、ますます個人の心の内なる声に価値を置こうとしている。

このように、私たちの社会を突き動かすルールの源泉に、教育心理学の提供する人間の行動モデルや学習モデルがある。その影響の一端は、子どもたちにとって意味のある学習を求める昨今の教育界に深く広く浸透している。

「何のために勉強するのか」「この知識は何の役に立つのか」。教育改革や子どもたちの学習離れをめぐって、子どもの年齢を問わず、このような問いが頻繁に登場するのも、裏返せば、学習の意味が問われているからであり、意味ある学習が求められているからである。しかし、実のところ、そもそもこうした問いにだれもが納得のいく解答などあるはずがない。突き詰めれば、それほど「哲学的な」問いだともいえるのである。にもかかわらず、意味への性急な問い掛けは跡を絶たない。学習の意味や教育の意味を求める問いの広がりは、興味・関心にしたがった、「自ら学ぶ」学習を望ましいとする学習観が、社会の隅々にまで広がったことを示している。

世俗に流通した俗流・教育心理学の学習モデルは、ひとまずこうした意味への問いかけを、各人の興味や関心に投げかけることで解消しようとする。面白いと感じるかどうか。楽しいかどうか。各人の興味や関心に「意味の問い」を振り向けることで、感性のレベルで（裏を返せば、理性的な納得に基づくのではなく）、とりあえず解答したことにするのである。面白い／つまらない、楽しい／苦痛、すぐ役に立つ／役に立ちそうもない——「面白くて楽しくて役に立つ」授業が求められるのは、性急に意味を求める問いが社会に充満していることの裏返しである。

しかし、俗流・教育心理学の学習モデルは、あくまでも個人のモデルであり、せいぜいが教師―生徒関係といったミクロな社会関係までにしか目を向けない。個人をとりまくより大きな社会構造の変化や社会関係によって、人々がいかなる制約を受けているかといった側面への関心は希薄とならざるを得ない。優れた教師なら、どの生徒の意欲や関心も高められるはずだ、といった教育学的理想主義も手伝って、人びとをとりまく環境の制約や社会の変化には目が向かなくなるのである。

だが、だれもが興味・関心・意欲を持てるのか。それらをもとにつくられる「強い個人」になるために、だれにでも「機会の平等」が保証されているのか。どの子どもの興味・関心を高められる優れた教師はどれだけいるのか。優れた教師のもとでも、興味・関心・意欲を感じられないのは、自分が悪いせいなのか。これらの問いに、俗流・教育心理学のモデルは答えない。

数字が示す、子どもたちの意欲と興味・関心

これまで見たように、自己の責任を担える「強い個人」は、意欲や興味・関心といった自

己の内なる声を聞き、「自ら学び、自ら考える」ことのできる人間である。教育改革がその目標を達成し、「自ら学ぶ意欲や思考力・判断力・表現力」(『教育課程審議会答申』)をもった人間が育成されたときに、「強い個人の仮定」に基づく自己責任社会の担い手が誕生すると考えられているのである。

だが、意欲や、意欲の源泉ともいえる興味・関心は、各人の心の中にだけ存在するのではない。各人をとりまく成育環境やその変化によって影響を受けるものである。まったく個人の自由意志や心理学の領域の問題にもみえる、意欲や興味・関心といったことがらは、社会からどのような影響を受けているのか。本論文の中心課題であるこれらの問題に対し、つぎに、その変化にまで着目した検討を行おう。

ここで分析に用いるのは、一九七九年と一九九七年に行った高校生を対象とする調査の結果である。この調査では、二つの県の一一の高校を選び、一八年の間をおいて、同じ高校を対象に、同じ調査項目を用いた質問紙調査を実施した。対象は、各年度一三七五人の高校二年生である(調査の詳細については、樋田大二郎他編『高校生文化と進路形成の変容』学事出版、を参照)。

この調査から、生徒たちの勉学に対する意欲と、興味・関心の変化を母親の学歴別に見たのが、次の図1〜3である。

図1　落第しない程度の成績をとっていればいいと思う（母学歴・年度別）

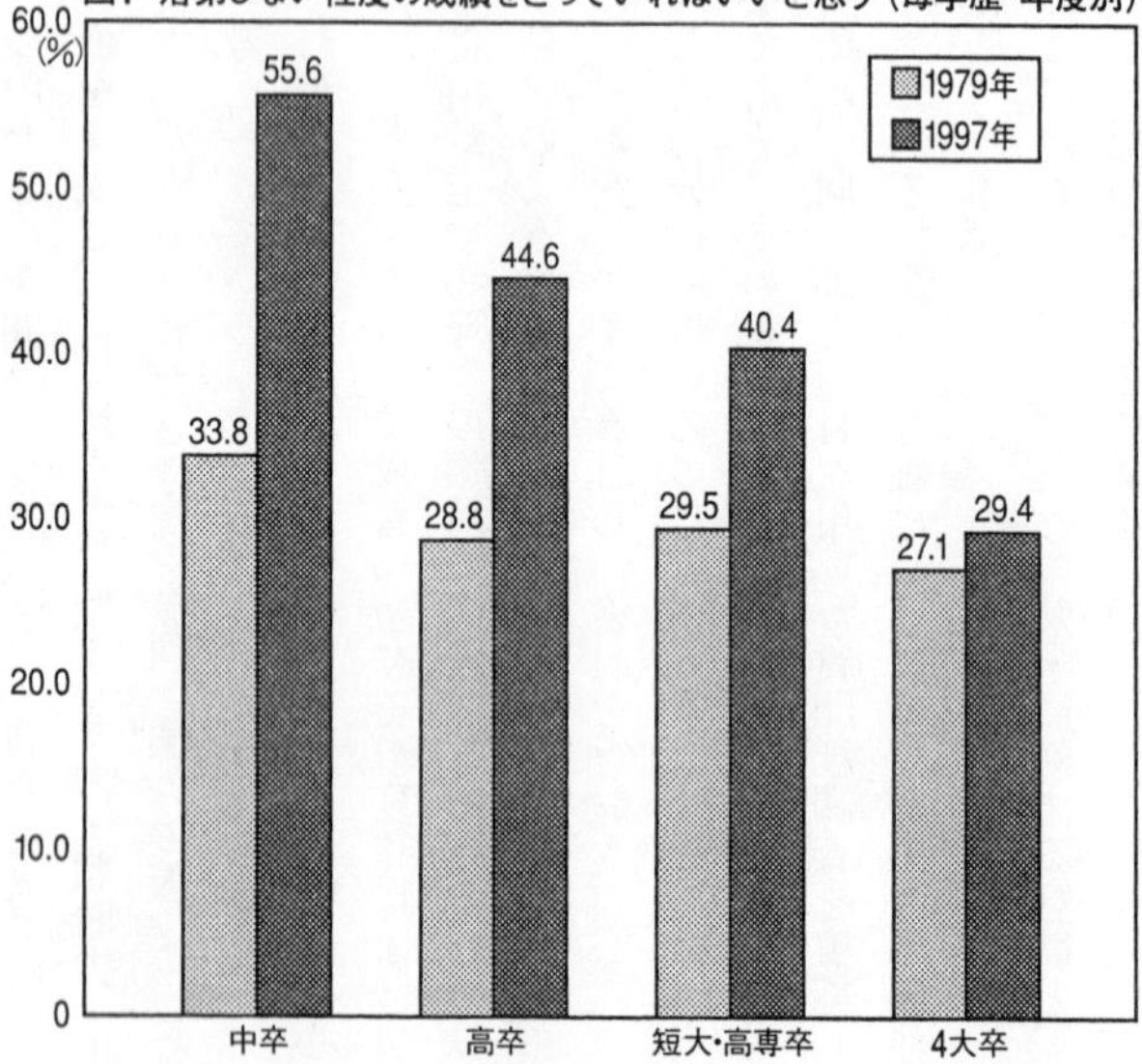

まず、図1によって、「落第しない程度の成績をとっていればいいと思う」生徒の割合を見ると、母親のどの学歴層で見ても、そう思うという回答が七九年よりも九七年のほうが多い。つまり、学習意欲は全般的に低下しているということである。しかし、母親の学歴別に見ると、この一八年間に大きな変化が生じている。七九年の時点では母親の学歴による差は小さかったのが、九七年になると母親の学歴が低い生徒ほど、学習意欲の低いものが増えているのである。言い換えれば、学習意欲の階層格差が拡大したということである。

同じような結果は、図2の「先生や

図2　先生や親の期待にこたえるために、勉強しなければと思う（母学歴・年度別）

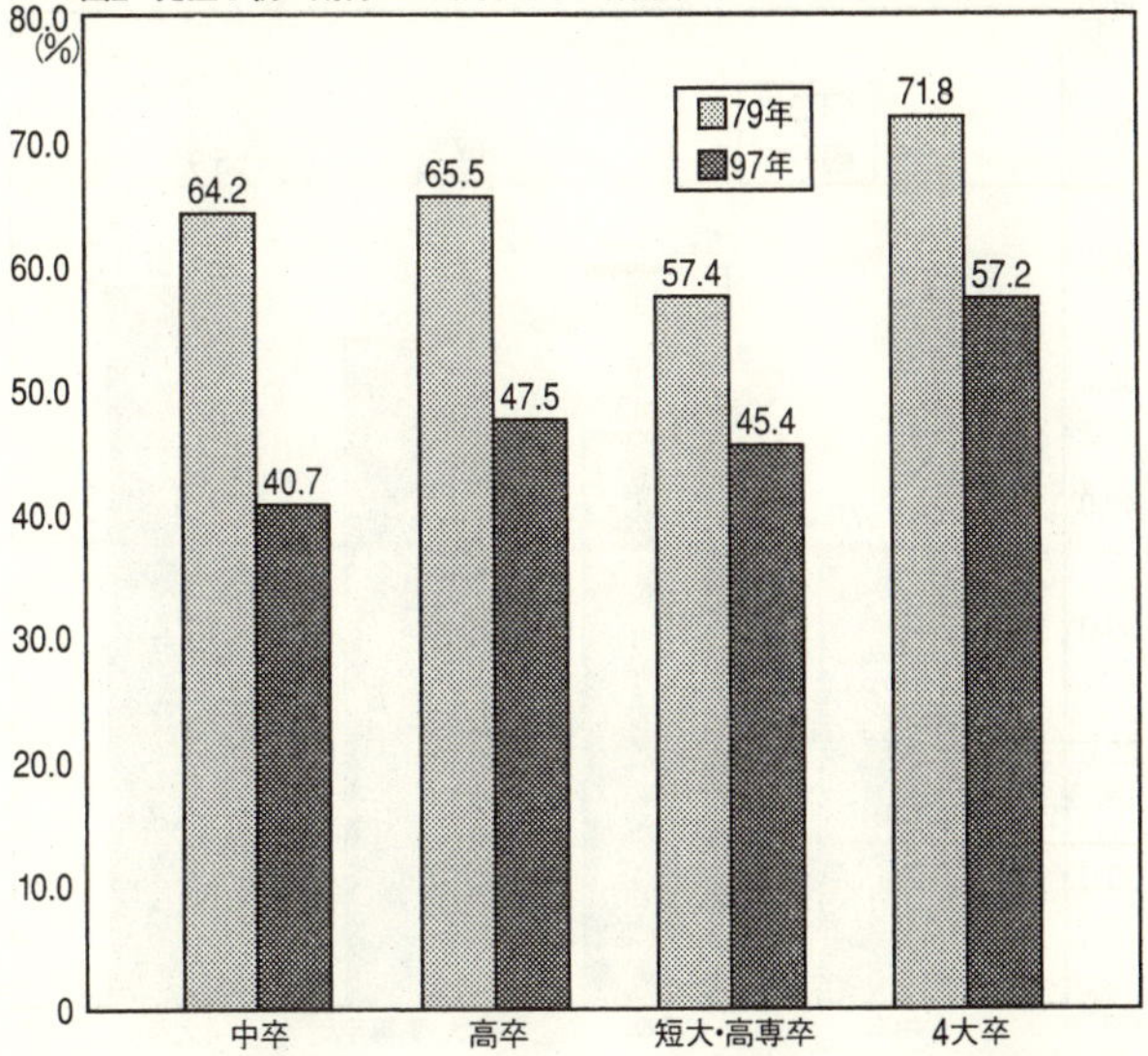

親の期待にこたえるために、勉強しなければと思う」にも見られる。ここでも、全体的に学習意欲の低下が見られる中で、母親の学歴による差が拡大している。

つぎに、図3で、「授業がきっかけとなって、さらに詳しいことを知りたくなることがある」かどうかをたずねた結果を見よう。これは、授業をきっかけに「自ら学ぶ」意欲の強さを問う質問といえる。しかし、ここでも、全般的に九七年のほうが少なく、しかも、母親の学歴による格差が拡大している。また、グラフは表示しないが、「授業でわからないことはそのままにしない」という項目についても、母親の学

図3　授業がきっかけとなって、さらに詳しいことを知りたくなることがある（母学歴・年度別）

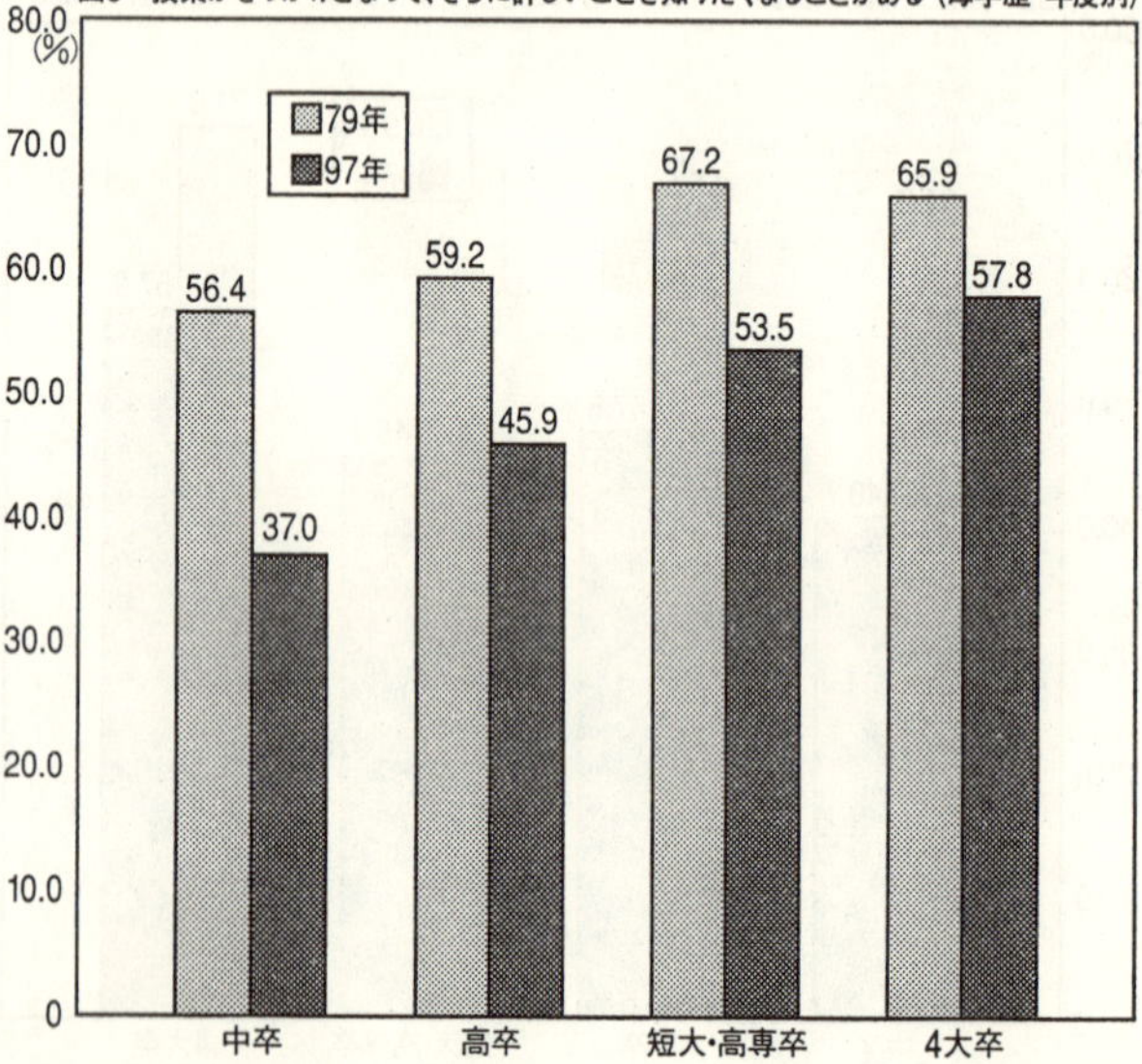

歴が高いほどそう思う生徒が多くなるといった傾向が九七年になると表れている。ここからも、個人の自主性にゆだねられた学習態度が、階層との結びつきを強めていることがわかるのである。

「豊かな社会」の出現によって、子どもたちの学習意欲や興味・関心が低下しているとたびたび指摘される。しかし、その実態は、全般的な低下と同時に、社会階層による差の拡大が生じている。だれもが同じように意欲や興味・関心を失っているわけではない。社会階層によって意欲や興味・関心の維持のしかたが異なることが、これらのデータから明らかとなったのである。

図4　中学時代の成績（9段階の自己評価の平均、母学歴・年度別）

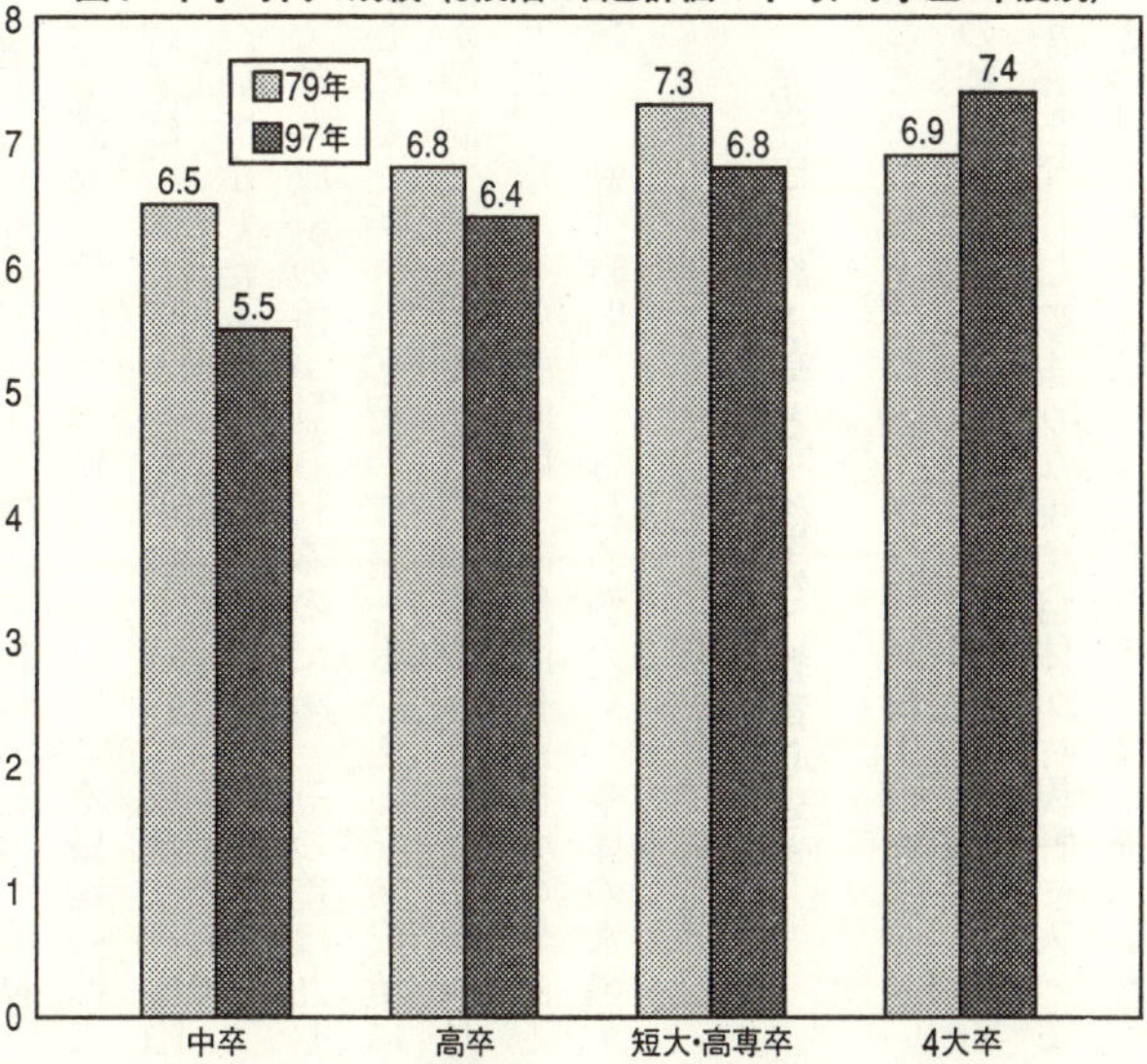

一九九二年の学習指導要領の改訂以後、「自ら学ぶ」意欲や興味・関心の育成をめざしてきた教育改革の成果は、この調査結果を見るかぎり、惨憺たるものである。いや、個性の尊重が叫ばれる陰で進行していたのは、全体の意欲の低下と階層間格差の拡大だったのである。

　こうした意欲や興味・関心の階層差の拡大は、教育改革の失敗を示すに留まらない。日本的な「結果の平等」が求められてきた中で、「機会の平等」の条件ともいえる「同じスタートライン」にだれもが立っているかという問題に対しても疑問を呈するものである。個々人の問題としてではなく、階層間の差異という「グループ間」で比較すれば、意欲や興味・関心という、機会の平等の大前提となる意識や態度において、出自による格差の拡大が生じているからである。

図4は、同じデータから中学時代の成績（九段階の自己評価の平均）を、七九年と九七年について示したものである。この図から明らかなように、いずれの年度でも母親の学歴によって学業成績の差が見られるのだが、その差は九七年のほうが拡大している。意欲や興味・関心にしたがった学習の成果ともいえる学業成績においても、社会階層による格差拡大の傾向が確認できたのである。昨年の『中央公論』八月号の拙稿（『学力の危機と教育改革』）で示した、家での勉強時間の階層間格差拡大の傾向と合わせれば、意欲も興味・関心も、学業成績も、勉強時間に示される努力も、全体の水準が低下しつつ、階層間の格差が拡大しているのである。

結託する経済学と、俗流・教育心理学

ここで取り上げたデータは、高校生の勉強についての意識とその変化にすぎない。これだけの結果から、日本の社会全般の変化について語ることは、過度な一般化といえよう。にもかかわらず、このような現象自体が、視野に入ってこない日本的な平等のとらえ方に疑問をつきつけるためには、こうしたデータの提示にも一定の意義がある。

とりわけ、全体の水準が低下する中で、階層差が拡大している傾向に目を向けるべきである。このような傾向は、所得格差の拡大など、事実レベルで「結果の不平等」が拡大している現状を念頭に置くとき、より一層重要な意味を帯びてくるからである。

所得格差の拡大であれ(橘木俊詔)、職業的地位の再生産であれ(佐藤俊樹)、これまでの議論は、いわば「結果としての不平等」を明らかにしてきた。それに対し、この論文が明らかにしたのは、「強い個人の仮定」の根底にある、「強い個人」の形成においても、すでに社会階層による差異が拡大しつつある傾向である。個人の意欲や興味・関心、さらにはそこから導かれる「努力」といった面でも、階層間の不平等が拡大している。個人の自立と自己責任が求められる中で、現実に進行しているのは、結果の不平等と、機会の平等の大前提となる意欲や努力の不平等なのである。

しかも、意欲や興味・関心の階層差の拡大は、教育の世界で個性尊重がより強調される中で生じている。心理学的に現実を理解しようとする傾向が社会に広まる中で、私たちの多くは、社会による強制を抑圧と見なし、個人の選択や自由の拡大を尊重してきた。このように「個人」が尊重される中で、個人の形成にかかわる社会的・文化的環境の階層差が拡大しているのである。

俗流・教育心理学の枠組みから意欲や興味・関心を理解するかぎり、そこに階層差があることや、その格差が拡大する傾向に目が向くことはない。興味・関心に根差した、高い意欲や、自己表現を求める欲求は、一見すると、だれにとっても望ましい、普遍的な目標のように見える。こうした普遍的な価値をまとう形で、教育心理学的に装飾された個人の学習と発達のモデルが社会に普及した。「自ら学び、自ら考える」個人を育成する、自己責任社会の担い手の形成をめざす教育改革がさしたる反論を招かないのも、そのベースに普遍的な個人の発達モデルが想定されているからだろう。

しかも、そこで前提とされる個人の発達モデルの普遍性は、市場原理の徹底によって自己責任社会を作りだそうとする、経済主義的な「強い個人」の形成に、心理学的・教育学的な根拠を与えている。俗流・教育心理学が提供する「強い個人」の発達モデルが、市場主義の「強い個人」を補完する関係が生じているのである。

森真一が、『自己コントロールの檻』（講談社選書メチエ）の中で的確に指摘しているように、過去の自分を簡単に「リセット」できる、自己コントロールや感情コントロールに秀でた「心理主義化社会」の個人は、能力主義管理と雇用の流動化に見事に適応できる労働者である。さらにいえば、「本当に自分のしたいこと」「自分さがしの旅」の果てに、フリーターという名の、安価なパートタイム労働力の予備軍となる若者たちの多くは、比較的恵まれない階層の出身者である。にもかかわらず、「自分さがし」をよきものと見る視線からは、階層差の問題は見えない。自分の興味・関心や、個性を追い求める「個人の問題」が前面に押し出されるばかりである。

このように、発達モデルが前提とする、〈主体〉的な個人の発達を許す自由な教育空間と、市場主義の経済モデルが前提とする、〈主体〉的な個人の自由な経済活動を許す経済空間との間には、矛盾や齟齬は見られない。さらにいえば、市民社会派の政治モデルが前提とする、〈主体〉的な個人の自由な政治参加を許す政治空間も、これらと同じ「強い個人の仮定」の上で、矛盾なく整合する。ところが、肝心かなめの「強い個人」の形成の基盤が揺らいでいる。本稿が示した、「強い個人の仮定」を根本から否定しかねない教育空間の変化は、普遍的発達モデルがとらえるイメージからは見えてこない。

階層分化の予兆

意欲を生みだす「自己」、実現される「自己」は、個人をとりまく社会的・文化的環境によって刻印されている。この事実を忘れると、意欲の低下した人びとと、自分さがしがうまくできない人びと、自己実現に失敗した人びとは、その結果を自己の責任として引き受けなければならなくなる。個性尊重の名のもとで、個人の意欲・興味・関心を中心に「生きる力」を育てようとする教育改革は、自己責任・自己選択の原理を教育の世界にも持ち込む。だが、教師がきっちりと教えることより、教師は支援者であり子どもが自ら学ぶことを重視してきた教育改革の進行と同時に、意欲や興味・関心における階層差の拡大が生じているのである。

自己責任社会においては、生涯学習の機会を通じて、職業的な再訓練の点でも「やりなおし」がきく社会にしようという提案が盛り込まれている。雇用流動化を前提とした「セーフティネット」として再訓練の機会の提供を位置づけようというのである。ところが、学習意欲の階層差がかなり早い時期から広がってしまえば、再教育の機会は一部の人びとのものに留まってしまう。生涯学習論の研究で、再教育の機会はそもそも学歴の高い人びとに再配分される傾向が強いと指摘されるが、学習意欲の階層差が広がった社会になれば、再訓練の機会はセーフティネットとして作用しづらくなる。その網の目からもこぼれ落ちる個人が増えるからである。

しかも、すでにアメリカで起きているように、IT（情報技術）革命の進行する「知識を基盤とした経済（Knowledge based economy）」のもとでは、教育の格差がそのまま所得の格差に結びつく度合いが強まる。だからこそアメリカでは、学力の全般的な底上げと大学進学機会の平等化とが同時にめざされているのだが、それとは反対に短絡的に知育偏重からの脱却をめざした日本の教育改革は、知識を基盤にできない人びとを増やし、不平等の拡大に寄与しているのである。

にもかかわらず、こうした問題は、日本流に横滑りした「平等感」からは見えてこない。それ社会に広まった俗流・教育心理学の発達モデルは、個人の発達の普遍性を印象づける。それに輪をかけて、「生きる力」といった望ましい教育の理想が、だれもが「強い個人」に育つかのような幻想を振りまく。ここでもどのようなグループの人びとに不利益の蓄積が起こっているのかを見ようとする視点が欠けている。個性の尊重といいながら、グループ間で異なる初期条件の差異をも個性のひとつと見なしてしまえば、このような問題は教育改革の議論の組上にさえ上らない。

事実としての機会と結果の不平等の拡大に目を向けないまま、横並び意識を解除するために「強い個人」間の競争を強化すれば、一部の「勝ち組」の意欲は高められても、不利益の累積とその顕在化から諦めの気分が広がり、全体としての意欲の低下と、社会の階層化が進む可能性がある。意欲や努力における階層差の拡大が、階層文化の差異として定着し、再生産されれば、「おれたちとやつら」といった階級社会の文化的二重構造が日本でも顕著化してくる可能性がある。個人の自立を図ろうとすることで、横並びの集団主義的制約は解体できたとしても、それに代わって、今度は個人をとりまく階層文化的な制約が強まることになるのだ。

教育の議論に戻っていえば、おそらく現状における「ゆとり」と個性尊重の教育改革は、

「強い個人」の形成にはつながらないだろう。実際には、教育の多様化がますます進み、若者の意欲と努力と学力の全般的な低下と格差の拡大とが生じるばかりである。その結果、「強い個人の仮定」による自己責任社会の基盤は、足下から崩されていく。

個人を中心におく心理学的な現実理解の広がりは、個人の問題を家族や教師・生徒、友人関係といったミクロな社会関係から見ることはあっても、人びとを包み込むより大きな「社会」から切り離す素地となっている。「心の問題」がクローズアップされる所以である。ところが、「社会」と切り離されたこうした現状理解は、教育や福祉を含め社会の問題を市場の問題と見なそうとする市場主義と容易に結びつく。その暴走を制御するはずの市民社会派の主張する市民の自立も、「強い個人」の形成が階層的な偏りをもってしまえば理想通りには進まないだろう。

このような中で、結果の平等から機会の平等への転換がめざされている。機会の平等を可能にする初期条件がどれだけ整っているのか。その検証抜きには、セーフティネットの構築という、今ではだれもが口にするようになった決まり文句も、空虚な響きを残すだけだ。「強い個人」の誕生が、すでにその出発点において問題を抱えている現実の変化に目を向けない限り、二十一世紀を展望する日本社会の改造計画は、絵に描いた餅に終わるどころか、その絵に描かれていない思わぬ問題を抱えることになる。日本的平等感にとらわれすぎて、次の世代の階層間格差の拡大が気づかぬ間に進行することを見逃すならば、自己責任社会を選び取った大人世代は、将来きっとその社会的責任に問われる時を迎えるだろう。

『中央公論』二〇〇〇年七月号

三つの格差「所得・世代・学歴」を突き抜ける道

金子《かねこ》 勝《まさる》（法政大学教授）

ひどい閉塞感が日本社会を覆っている。何かが変わらなければならないのだが、変わるべき方向が見えないのだ。政策の争点という視点から見れば、その原因は、政策「論争」が相も変わらず冷戦型思考に支配されていることにある。とうに終わった過去に、誰もが縛られているのだ。

このところ論壇をにぎわせている所得格差をめぐる「論争」がその典型である。冷戦期全般にわたってこの論争は、「小さな政府」を実現して民間活力を引き出すという市場原理主義者の主張と、所得再分配政策をとる「大きな政府」を目指すべきだという社会民主主義者の主張との間で、繰り返されてきた。しかし、この「論争」自体が、もはや日本の現実に合わなくなっている。

いまの日本社会には、三つの亀裂が走っているからだ。三つの亀裂とは、（一）所得の格差、(二)世代間の格差、(三)教育・学歴による就業上の格差の固定化である。それゆえ所有する者と所有しない者の間で、所得再分配を行っても十分ではない。たとえば、市場原理主義者に反対して所得再分配政策を強めても、(二)の世代間格差はそのまま残ってしまう。あるいは、若年層で広がるフリーターや派遣労働の増加が、(三)の教育と学歴を通じた格差の固定化を表出させている。これも単なる所得再分配政策では十分に対応できない。では市場主義で解決を図ればよいのか。これも(一)の所得格差と(三)の教育・学歴による就業上の格差の固定化をひどくする。

つまり冷戦型思考法の対立軸にとらわれているかぎり、三つの社会的亀裂から脱出できないのだ。しかし三つの格差を縮小すると言っても、社会の構成員すべてを画一的で平均的な人間に近づけてゆけばよいということではない。むしろ多様な生き方を認め合いながら、一人ひとりが自立してゆける社会を作らなければならない。では、そのためにはどういう政策を立てたらよいだろうか。

高所得者VS.低所得者——第一の亀裂

まず第一の亀裂から見てゆこう。現在の閉塞状況に対して、市場原理主義者はつぎのように主張してきた。護送船団方式に象徴される官僚支配が制度疲労を起こして、市場の活力を削いでいる。あるいは「終身雇用」制度が人々の勤労意欲を失わせている。だから規制緩和をし、雇用を流動化させるべきだというものである。この耳慣れた常套句の背後を貫いている考え方は、日本社会の「平等主義」に対する非難である。

もちろん、こうした市場原理主義者の批判は人々の実感と大きくずれている。「終身雇用」だから働かないというのは根拠が相当に怪しい。しかも、彼らは、既得権益が規制緩和を妨げているとか「例外なき規制緩和」が必要だと主張しながら、銀行やゼネコンといった一部の政治的既得権者に対しては湯水のような公的資金投入を容認する。にもかかわらず、銀行は貸し渋りを続けて中小企業は経営危機に陥り、下請け業者はゼネコンから単価切り下げで追い打ちをかけられるという事態が発生している。結局のところ、彼らの言う「例外なき規制緩和」論とは「弱者いじめ」なのだと人々は直感している。おそらく、その直感は間違っていない。

さらに根本的なところから、この市場原理主義者の「平等主義」批判に対して、疑問が投げかけられるようになった。市場原理主義者が前提としている日本の「平等主義」自体がすでに崩れているという批判である。たとえば、昨年（一九九九）、経済学の観点から経済格差や不平等を論じた故石川経夫の『分配の経済学』、橘木俊詔の『日本の経済格差』、アマルティア・センの『不平等の再検討』などの著作が出版されて話題になった。また佐藤俊樹をはじめ、一九九五年のＳＳＭ（社会階層と社会流動性）調査のデータに基づく社会学者の不平等分析も相次いでいる。『文藝春秋』や『中央公論』といった総合誌も、今年（二〇〇〇）の五月号で「新階級社会」や「『中流』崩壊」をテーマに取り上げた。

なかでも重要な指摘は、資産格差と社会的流動性の低下である。社会的流動性の低下を平たく言うと、医者の子は医者、官僚の子は官僚、大企業管理職の子もやはり大企業管理職といった具合に階層が固定化する現象を指す。こんなに極端でなくとも、ホワイトカラー上層といった広い括りで見ればよい。しかも、本来実力がものをいうスポーツ選手や芸能人にまで二世の進出が著しい。相撲の若貴兄弟、体操の塚原、ハンマー投げの室伏、長島一茂やカツノリ、果ては卓球の愛ちゃんまで枚挙に暇もない。

しかし何といっても象徴的なのは国会議員だ。いまや世襲議員は百四十三人を数え、議員の三割を占める。この国は、いつの間にか北朝鮮のような世襲制の国になっている。階層の固定化が着実に進んでいる。

努力しても上昇する展望のない社会

この間、市場原理主義者は、規制緩和や雇用流動化によって市場競争を促進すれば経済社会の活力が増す、あるいは、むしろ格差が生じたほうが競争が促進されるという主張を繰り返してきた。結果が同じでは、人は真面目に努力しないというのが、その理由だ。しかし、そもそも社会的流動性が低下しているとすれば、市場原理主義者の主張は説得力を失う。確かに、もともと誰にでもチャンスが開かれていて、みんな出発点が平等ならば、こうした主張も成り立つかもしれない。けれども、たとえば百メートル競争の際に、ヨーイドンで一斉にスタートできずに、もし最初から十メートルあるいは二十メートル後ろからスタートしなければならないとしたら、誰も真面目に走ろうとしないだろう。

むしろ、いくら勉強しても働いても上昇する展望のない社会になってきたことが、日本社会の閉塞感を作り出しているのではないのか。その点、子供たちは敏感だ。さまざまな理由はあげられるけれども、いまの学級崩壊の一つの要因として、こうした社会的閉塞状況が潜んでいる。いったん底辺校に落ちてしまえば、いくら努力しても仕方ないからだ。ところが、実際には、文部省が進めようとしている教育政策は「ゆとり教育」や能力別クラス編成である。しかし、これではますます塾や家庭教師をつけられる者とそうでない者の差は開くばかりだ。事実、総務庁の家計調査では、九〇年代に入って、所得階層間で塾や家庭教師の支出額が開く傾向が強まっている。今後も、階層の固定化がいっそう進むに違いない。

しかし、ここでいま一度踏みとどまってみよう。市場主義対平等主義——よく考えてみれば、冷戦時代以来、何度も何度も繰り返されてきた論争の対立構図だ。事は、そんなに単純なのだろうか。こうした論争それ自体が閉塞しているのではないか。

市場主義対平等主義（あるいは市場対政府）という論争は、冷戦時代に「効率性と公平性のトレードオフ（両立しない）関係」として論じられてきた思考様式から一歩も外に出ていない。つまりこの議論に基づくと、市場に任せれば効率性が高まって経済成長を促進するが、分配の公平性は損なわれる。他方、分配の公平性を高めようとすれば、経済の効率性が損なわれる。つまり両者はバランスの問題なのであって、決定的な解はないとされる。だが、両者のバランスを回復すれば、この社会的閉塞状況は克服されるのだろうか。そうは思えない。

一方、もし日本社会が、金持ちと貧乏人に分裂しつつあるのなら、所得格差さえ是正すれば世の中は変わるのではないか。そのために所得下層よ立ち上がれと呼びかける。冷戦時代によくあった、左派的な知識人が陥りがちな思考法だ。

しかし、これも単純すぎるだろう。実際には、そう簡単にいきそうにないからだ。グローバリズムという構造問題を横に置いたとしても、どこかが違っている。もっと深いところに別の亀裂が隠されているのではないか。

団塊の世代VS.若年世代——第二の亀裂

別の社会的亀裂とは、世代間格差の問題である。日本では、この世代間格差が所得階層間格差と複雑に絡み合っている。実際に、橘木俊詔の所得格差拡大論に対して、所得格差の拡大の主因は人口の高齢化であるという大竹文雄と斎藤誠からの批判も出されている（「日本経済新聞」二〇〇〇年二月二十九日〜三月七日）。日本の「年功賃金」体系では、年齢が高くなるにつれて昇進・査定・企業規模による賃金差が大きくなるために、人口が高齢化すれば自動的に格差が拡大するという理由があげられる。彼らは、この他にも、高所得カップル（夫婦共稼ぎの高所得世帯）の増加、業績主義賃金体系の導入による四十歳代大卒男性労働者の賃金格差の拡大、あるいは一般女性労働者と女性パート労働者の賃金格差などが、所得格差を実感させているのだと主張する。

確かに、賃金格差の大きい中高年世代が増加すれば、人口構成の高齢化とともに賃金格差は拡大する。だが、業績主義賃金体系の導入が大卒男性労働者の四十歳代の賃金格差を広げており、それが三十歳代・四十歳代の大卒男性労働者に格差を実感させているという大竹・斎藤の説明は、どうも実態に合っていない。あるいは一般女性労働者と女性パート労働者の賃金格差も、パート労働の供給側に問題があるのだという指摘も同じだ。

ここのところ、成果主義・業績主義賃金体系の導入が急速に進められているのは確かだ。しかし、その影響が表れるのには少なくともタイムラグがあるはずで、バブル破綻直後から四十歳代だけで格差の拡大が発生するのはおかしい。また、その影響がこの世代に限定されて表れてくるのは、なぜなのかが説明つかない。賃金体系全体を成果主義・業績主義に本格的に移行したのなら、若年層にも賃金格差が表れるはずである。

大竹・斎藤の議論の問題点は、雇用リストラの影響を軽視している点にある。むしろ、多くの企業は、これまでの年功賃金体系を大幅には崩さないまま、雇用リストラの対象を年齢的に四十歳代にまで落としてきたために、世代間格差が広がっていると言ったほうが正確だろう。

もちろん、相変わらず五十歳代も雇用リストラの対象になっているのだが、団塊の世代が数が多くてポストを詰まらせているために、長期不況による雇用リストラの余波が四十歳代にも及んできているのだ。当初、それは系列出向の賃金差額支給の削減や停止、あるいは永久出向という形で始まっていたが、次第に雇用そのものにも及び始めている。そしてバブル期に就職した三十歳代半ばの「過剰雇用」世代にも、着実に忍び寄っている。

それが四十歳代・三十歳代の大卒男性労働者たちの不満を募らせている。すでに雇用の「安定」と「年功賃金」体系の恩恵を受けてしまった五十歳代以上の世代に対する彼らの不公平感は、二重三重である。単に給与だけでなく、それがベースとなって将来の年金所得にも及ぶからだ。

こうした世代間格差問題は年金制度全体にも及んでいる。一部の主流経済学者は、世代会計という考え方に基づいて年金のシミュレーションを行い、若年層の場合、支払う年金保険料に比べて受け取る年金給付が著しく不利になると主張している。もっとも年金を個人貯蓄と同じに考える積み立て方式の理念を前提にすればの話だが、将来所得を含めれば、世代間格差はいっそう広がっていることになる。こうした事態を見て、二十歳代を中心とした若い世代は、さらに醒めている。もはや「終身雇用」など、ただの幻想にすぎないことを彼らはよく知っている。おまけに成果主義賃金体系と言いながら、彼らの給与は相対的に不利に置かれたままだからだ。

完全に失われた政治的チャンネル

女性の場合、事態はもっと深刻だ。企業の人員整理が最も及んでいる部分が女性労働者だからだ。この間も企業は、女性を常用雇用するのではなく、つぎつぎと派遣労働に置き換えている。大学の新卒者でも最初から派遣労働者になる事例も急速に増加している。成果主義賃金体系への移行が急激なものでなければ、いったん常用雇用に就いて辞めない女性一般労働者と、新たに女性パート労働者になる者との間で賃金格差が開くのは当然である。これも女性の側の労働供給だけに問題があるのではない。企業の雇用リストラのあり方と密接に結びついて起きているのだ。

問題は、この世代間格差が、団塊の世代とそれ以下の世代との間に、ねじれた政治的関係を生じさせている点である。

団塊の世代とそれ以下の世代の間に存在する利害とイデオロギーの対立軸を見てみよう。この団塊の世代は、かつて戦後第一世代に意義申し立てをした学生運動の世代である。ところが、この世代の批判派・左派は（世界的に稀な現象だったと思うが）内ゲバ殺人に陥り、次第に改革能力を失っていった。大半は漫画の『課長　島耕作』のように、結局のところ猛烈な会社人間になっていった。そして彼らは、ようやく「終身雇用」や「年功賃金」といった日本的経営の「旨み」を享受できるはずの年齢に達した。ところが、この世代の強みは数が多いことだったはずが、いまやそれゆえに、彼らは理不尽な雇用リストラの対象者だ。彼らは「既得権益」を守ることに必死だ。

それを背景にして、この世代から新手のナショナリストが数多く輩出されている。彼らは、具体的な改革ビジョンを示すことなく、アメリカニズムや市場主義を批判して保守派を自称する。もちろん保守になることで最も利益を得るのは団塊の世代だ。彼らは「既得権益」を擁護し根本的改革を忌避する役割を負っている。

そして彼らが提出するナショナリズムは、二つの機能を果たす。一つは、アメリカニズムを批判することで、雇用リストラや経営困難に直面する同世代に精神的癒しを提供することである。いま一つは、格差を隠す機能だ。それは、あらゆる人々を共同体の一員として並列に扱うことによって、擬似的「平等」機能を発揮するからだ。事実上、この世代は社会を閉塞させる元凶になりかけている。

しかし、より深刻なのは三十歳代以下の若年世代のほうだ。彼らは、自らの利害を表出する政治的チャンネルを完全に失っている。この間の年金改革法が典型的である。厚生年金の報酬比例部分の支給年齢が段階的に引き上げられてゆくのは二〇一三年からである。つまり団塊の世代がすべて年金受給資格を得た後から、支給年齢の引き上げが始まる。ところが、三十八歳以下の世代は、これにコミットする機会を一切与えられていない。彼らは、ただひたすら個人で「自衛」に走るしかない。

弱肉強食の論理では連帯できない

問題は、若い世代にのしかかるイデオロギーの対立軸が、こうした心性を増幅していることにある。今のところ、この世代間格差を解消するイデオロギーとして、二十歳代以下の若年世代に提供されているのは市場主義的リベラリズム以外にないからだ。「終身雇用」制度を壊す雇用流動化政策、年功賃金制度に代わる成果主義賃金体系、そして年金の民営化や消費税による基礎年金充当である。そうすることで、表面上、確かに団塊の世代が享受する

「既得権益」を削ることはできる。

だが、二十歳代前後の若い世代は、この主張を声高に言うことはできない。「個人の競争に任せましょう」という弱肉強食の論理で連帯するというのは、そもそも言語矛盾だからだ。かつて二十歳代前後の若い世代は、正義や平等を盾にして社会的に抗議する運動を行ってきた。彼らは弱者を切り捨てる「能力主義」的差別や選別に反対することで、連帯して共同行動を取りえた。だが、いまや団塊の世代が保守主義の立場から自らに有利な「平等」的配分システムを守ろうとしている。二十歳代前後にいる若い世代は、格差是正のために「能力主義で競争しましょう」と言う以外にないのだ。これもまた言語矛盾である。

それゆえ、彼らは大声を出して他者に働きかけて、まとまろうなどとはしない。三十歳代や四十歳代と違って、これらの若い世代は、メディアから流れてくる「規制緩和」の主張を一人で聞きながら、やっかいなことにかかわることなく、マッタリと「革命」ないし「崩壊」を待つのが最も「効率的」だからだ。

かくしてミーイズムと隣り合わせで「リベラリズム」が、この世代に静かに浸透してゆくことになる。つまり団塊の世代とそれ以外の若年世代との間に、潜った形で、不毛なイデオロギーの対立軸が持ち込まれているのだ。それが、政治的閉塞からの脱出口をいっそう見えにくくしている。

高学歴を持つ者VS.持たない者――第三の亀裂

だが、二十歳代の若い世代も単色ではない。学歴による差が大きくなっている。雇用リストラの対象となるのは中高年――まさに団塊の世代や四十歳代――なのだが、企業はまず最初に新規採用を抑えるために、若年層の失業率も一〇%を超えている。全国平均が四～五%であるから、若年層の失業率は倍以上ということになる。とりわけ高卒者の就職内定率の低下は深刻だ。大量のフリーターと呼ばれる層が生み出されている。フリーターの定義にもよるが、労働省の推計では、一九九七年にその数は百三十五万人に上っている。今後も確実に増加の一途をたどるだろう。二十歳代～三十歳代前半の若年世代内部における格差という観点から見ると、このフリーター層が問題となる。彼ら自身の意識を別にして、実質的に、彼らは経済的・職業的な階層の底辺に位置しているからだ。

一般的に言って、彼らは他者を意識せず、公共的な問題に関心が薄い。だが、そのこと自体は驚くに値しない。従来の総務庁の青少年意識調査でも、低学歴者ほど競争原理を受け入れる一方で、私生活主義を志向する傾向があったからである。彼らは、小さい時から学校の成績によって烙印を押され続ける学力選抜過程において、否応なしに競争原理とその結果を受容させせられてゆく。徹底的に「私化」して私生活をエンジョイすることこそが、彼らにとって最も合理的な生き方だと言ってよいだろう。要するに、来るところまで来ただけなのだ。もちろん市場原理主義のイデオロギーは、この階層の心までをとらえているわけではない。ベンチャー起業を煽る市場原理主義も、この階層には無縁である。二股ソケットを夫婦で売り歩いた松下幸之助も町の薬局から身を起こした中内㓛も、彼らにとっては遠い物語である。今日の経済格差は知識を持つ者と持たない者の格差であって、彼らは決してビル・ゲイツにはなれないからだ。もちろん雇用流動化政策の内実もわかっている。彼らは、もはや「終身雇用」がなくなり、不況になれば真ッ先にクビを切られるのが自分たちであることを知っている。中小零細企業に勤めても、将来が不安定なのもわかっている。彼らにとって、早くから定職についても何も有利になることはないのだ。

フリーターが自分を探す訳

フリーターという言葉は、その実態をよく表現している。それは、あらゆる社会的拘束からフリーになりたいという心性（いわゆる「消極的自由」）を表しており、徹底したモラトリアムを志向しているからだ。したがって、彼らはナショナリズムにも左翼運動にも消極的である。彼らに「日の丸」を掲げて「君が代」を歌えと命じても、彼らは「君が代」を歌えないし、そもそも覚える気がない。他方で左翼にも動員されることはない。不平等を正すために自己犠牲になっても得るところは何もないからだ。なるだけ、やっかいなことにかかわることなく、ただ一発逆転が来るのを待っているのだ。

こうした傾向は、さらに学級崩壊に象徴される教育の荒廃状況にまで及んでいる。八〇年代には、社会的拘束に抵抗する者たちの間では、まだ暴走族の世界が成り立っていた。確かに、その一部は暴力団予備軍になったが、頭の良い子は、職人や美容師あるいは自営を目指してトラック運転手などになっていった。だが、今はこうした元気さえ失っている。実際、量販店の普及などによって、こうした自らの腕で自立できる道も狭くなっている。「自己なるもの」を持たないフリーターたちは、「自分探し」を続けるしかない。しかし、実際に自立できる道を見つけられる者はごくわずかだろう。世代間格差を縮小するはずの雇用流動化政策は、彼らにとってはフリーターとしての地位の固定化にすぎないからだ。

他方、行革とバブル経済によって社会性や公共性が解体していった八〇年代に、自由保育が始まった。教育評論家の尾木直樹が指摘するように、自由保育で育った子供たちは学校の「秩序と規律」という壁を乗り越えられない。「ゆとり教育」によって、今度は学校から職業への壁は高くなってゆくだろう。そこで、雇用流動化政策による短期雇用の増加が、彼らの受け皿になってゆく。そして、やがてフリーターたちが四十歳代になるまでに、先進国並みに、この階層から失業のプロが現れてくるに違いない。

この複雑化した社会の亀裂は、福祉国家的な所得再分配政策によっては根本的に解決できない。所得格差を是正しても、同時に世代間格差をも縮めるのは難しい。さらに、貨幣給付や累進税率などの再分配手段によって所得格差を是正できたとしても、知識を持つ者と持たない者の格差は埋まらない。福祉受給者は決して自立できないことになる。そしてラディカル・デモクラットたちが批判してきたように、福祉国家は福祉受給者にパターナリズムを発生させるだけである。

「自己なるもの」を再建せよ

では、いま一度マルクスに立ち返って、格差をなくすために所有そのものを廃棄すればよいのか。確かに、これまで市場主義がもたらす経済格差を根本的に解消しようとするイデオロギーは、マルクス主義によって与えられてきた。その基本的主張は所有権の廃棄であった。だが、いま求められている出口は、反対に「所有」を再建する道である。人が自立するには、「自己なるもの」を所有していなければならないからだ。

現在進められている市場原理主義に基づく雇用流動化政策は、この「自己なるもの」の所有を徹底的に解体する傾向を持っている。確かに、所有権を基盤にして市場メカニズムは働くが、労働市場において市場メカニズムを徹底すると、労働力の自己所有は失われてしまう。

それゆえ底抜けの競争原理は、人々の自立性を奪い、社会を自滅に追い込む。ここに資本主義市場経済の一つのパラドックスが存在する。それゆえ、下層に置かれた人々を含めて、人々が「自己なるもの」を所有できるようにするには、第一に、労働市場の中に熟練・技能を個人に帰属させる資格制度やキャリアを評価するルールを組み込み、さらに第二に、社会保障制度の中に一人ひとりの人間を自立した存在として扱う制度を組み込むことが必要となる。

ここで言う資格制度やキャリアを評価するルールは、個別企業を超えるポータビリティーを持つ。それによって、はじめて個人が熟練や技能を所有することが可能になる。だが、資格制度は個人の能力とは完全には対応していないかもしれない。無免許のカリスマ美容師のほうが、免許を持つ美容師よりも社会的に通用するという事態も生じうるからだ。それは、あくまでも個人が自立するために「自己なるもの」を所有するための「擬制（フィクション）としての所有」である。

その意味で、マルクスの言う「個体的所有」とも違っている。自立を基盤とする連帯社会を築くためには、社会的に共同して「擬制としての所有」の再建を図らなければならない地点にわれわれは置かれているのだ。

制度改革の構想力が閉塞を脱出させる

第二の社会保障制度の改革は、大沢真理が主張するように、どんな短期雇用者であっても一人ひとりが（雇用保険や健康保険の）保険証を持つ体制を実現することである。それは、一人ひとりを独立した人間として扱う社会制度の確立を意味する。

さらに、筆者が『「福祉政府」への提言』（岩波書店）で提案したように、拠出税方式の年金制度へ移行することが不可欠になる。現行の年金保険料を、そのまま所得に比例してかかる社会保障税に転換するだけのことだ。だが、この転換によってすべての人々が単一の年金制度に加入することになる。つまり年金制度の分立という問題を解消して、どのような企業や職業についても年金を通算できるようになる。人々は、現行の分立した年金制度に縛られることなく、ライフスタイルを自由に選択できる自己決定権を手に入れられるのだ。

また拠出税方式は、税による完全な賦課方式であり、現役世代が納める社会保障税収入と退職世代が受け取る年金給付総額がリンクする。世代間扶養を社会化するのである。こうして、現在われわれが直面している世代間格差と所得格差という二つの問題を同時に超えることができる。つまり、第二の社会保障制度改革の基盤のうえに、第一の雇用や働くルールを積み上げてゆくことによって、三つの格差を突き抜けてゆくのだ。

これまで述べてきたような、所得格差と世代間格差が複雑に絡み合う事態を放置しておけば、着実に保守政権の政治的動員力を低下させて統治能力を衰退させてゆくだろう。だが、この保守政党の弱さは弱さとして直接表れない。野党の政治的動員力は、それ以上に衰えているからである。「自己なるもの」の所有の再建を図りながら、所得格差と世代間利害を同時に超える制度改革の構想力を提示することによってはじめて、この政治の閉塞から根本的に脱出できる。そのために、いち早く冷戦型思考法から脱却することが野党に求められている。

『論座』二〇〇〇年七月号

透明な他者の後で

佐藤俊樹《さとうとしき》（東京大学助教授）

1　皮膚と外部

赤坂真理がこんなことを書いていた。

「去年の夏、階級、ということを書きたくて都内と近郊の街を歩いた。日本に階級はないと言われる。しかし、ある。……皮膚感覚の階級感が端的に出る場所を求めた。逆に言うと、皮膚感覚以外に階級を語る言語はこの国にはないかもと思う。」（「朝日新聞」二〇〇〇年四月八日夕刊）

――「階級はない」「しかし、ある」。ないけれどもある。あるけれどもない。この二重性ほど、日本の戦後を的確に、それこそ皮膚感覚で表現するものもあるまい。事実、戦後の社会はさまざまな「ないけれどもある」「あるけれどもない」をかかえていた。自衛隊―アメリカ軍という軍事力がまさにそうであり、あるいは、単一民族としての日本人、裏返せば「在日」「在留」とよばれる人々もまたそうである。

後で述べることから理由はわかるだろうが、実は「九〇年代とは何か」という問いには答えられない。それを承知の上であえて語れば、一九九〇年代の十年はこの「ないけれどある」「あるけれどもない」が次第に可視化され一元化されていく時間であった。日米関係が明確な軍事同盟となりつつあるのと、単一民族神話が解体しつつあるのは、ともに戦後社会の終わりを示す光景なのだ。

今日の私たち(そう、あえて「私たち」といおう)は、そういう、もはやありふれたとさえいえる終焉に囲まれて暮らしている。だが、そのなかでも、階層・階級をめぐる場面《シーン》は異彩をはなっている。十年の時間をこれほど強烈に描き出しているものは、おそらく他にないだろう。

再び標語的に語れば、八〇年代は不在の外部を求める運動の時代、外部を求めることでその不在を確認する運動の時代であった。階層・階級ばかりでない。「思想」とよばれる言説群もまたそうであった。そして、九〇年代をへた現在、もはや不在の外部は存在しない。私たちの目に映るのは、きわめて実体的でありながら到達不能な外部である。

2　実体なき階層

七〇年代後半から八〇年代初めにかけて、「中」論争とよばれるものがあった。そのなかで生き残り、日本社会を語るキーワードになったのが、村上泰亮の新中間大衆論である。生き残る、というのは異様な表現だが、他にいいようがない。新中間大衆論はまさに生き残ったのである。そのこと自体が「新中間大衆」とは何者であるかを、何よりもよく示している。

新中間大衆論、つまり「みんなが中間階級《ミドル・クラス》なのだ」という議論は、当初すんなりと受け入れられたわけではない。何よりもまず、その曖昧さ、つまり「新中間大衆」の実体のなさが批判の的となった。無理もない。「みんなが中間階級なのだ」というのは、語源を考えればただのナンセンスである。もともと「中間階級」というのは、反照的にしか定義できない。「上流階級」でも「労働者階級」でもない。それが中間階級なのだから、「みんなが中間階級」というのは語義矛盾である。

だが、批判する側も新中間大衆に代わる別の何かを提示できたわけではない。当時、名実ともにマジョリティとなりつつあった会社員やその家族は、「労働者」ならまだしも、「労働者階級」というにはほど遠い存在であった。所得や収入といった、一時点の経済的格差だけではない。世代間の継承性からもそれはいえる。五〇年代から九〇年代にいたるまで、労働者階級といえるような世代間再生産はみられない。これは世界的にみても、戦後日本の大きな特徴である。

そのため、新中間大衆をめぐる言説は奇妙な屈折をおこすことになった。新中間大衆には実体がなかったが、それに代わる別の実体も見出せない。結局のところ、「中」に対応する実体的な集団――「階層」とよぼうと「階級」とよぼうとかまわないが――を誰も見つけられなかったのだ。それゆえ、批判すれば批判するほど、階層そのものの実体のなさがうかびあがる。そして、その実体のなさに最もよくあてはまるのは、「労働者階級」や「新中間層」ではなく、やはり「新中間大衆」だったのである。

「労働者階級」であれば、特定の職種や社会的な位置づけや文化的特性がすぐに思い浮かぶ。「新中間層」でもその特性＝顔はなんとなく連想できる。というか、「上流階級」や「労働者階級」という外部によって、反照的にその内実はあたえられる。反照的にしか定義できないという意味では顔がないのだが、その「顔がない」という意味で顔がある。それに対して、「新中間大衆」には、そういう外部すらない。「みんなが中間階級」なのだから。新中間大衆にはいわば「顔がない」という顔もないのだ。

そういう意味で新中間大衆には何も実体がない。内実を反照的にあたえてくれた外部すらない。だが、まさにそれゆえに、実体がないという批判は、別の実体を提示できないかぎり、結局は新中間大衆論に（いわば迂回的に）漸近していく。実体がみつからないことこそが新中間大衆の標《しる》しだからである。かくして、新中間大衆論が生き残る。

3　超越なき超越

つまり、新中間大衆とは外部を失った内部なのだ。それに気がつけば、同じような運動を見出すのはたやすい。

「現代思想」とよばれる潮流がいつはじまったのか、その日付を正確にさし示すのはむずかしいが、書誌的にいえば、柄谷行人の『内省と遡行』一九八〇年、『言語・数・貨幣』一九八三年、あるいは浅田彰『構造と力』一九八三年といったあたりが常識的な理解だろう。新中間大衆論の原型となった「新中間大衆政治の時代」が一九八〇年、単行本の出版が一九八四年だから、まさに同時代を並走していたことになる。

「現代思想」というのは本質的にマスコミ用語であり、内容をふかく掘り下げてもしかたないが、その感覚をこれまたあえて図式的に表せば、「戯れ」だといえよう。例えば、批判する側からいえば、「上流階級のお坊ちゃんお嬢ちゃんのコトバ遊び」で「現実をみない」証しということになる。新中間大衆批判と同じで、これも字義通りには誤りとはいえないが、あまり意味はない。「戯れ」性の中身を見ようとしていないからである。

なぜ「戯れ」が「戯れ」となるのか？　教科書的にいえば、それは外部に実体的な根拠をもてなくなったからである。リオタール風に、大きな物語の終焉といえばわかりやすいだろうか。もちろん、すでに幾人もが指摘しているように、終焉自体が本当は大きな物語の一つだから、むしろ言語ゲーム論を引用する方が適切だと思うかもしれない。だが、この二つは見かけほどちがっているわけではない。

ウィトゲンシュタインの「言語ゲーム Sprachspiel」は本来、限界的な何かである。言語ゲームだといってしまえば、他に何もいうことはなくなる。「言語ゲームがどうこう」という議論は本当はありえないのだ。ベンヤミンの『パッサージュ』がパッサージュ論ではないように、ウィトゲンシュタインの「言語ゲーム」は言語ゲーム論ではない。

そこに「戯れ」のもう一つの面がある。「現代思想」とはパッサージュ論を語り、言語ゲーム論を語る言説群なのである。簡単にいえば、それは「すべては言語ゲームだ」ということで、言語ゲームを語る超越的な視点を瞬間的に出現させつつ、その視点をあたかもなかったかのようにしてしまう。超越的視点とは神の視点であり、自存的な外部である。その不在を語ることは超越的視点をさらに超越するわけで、本当はきわめて超越的な語りにほかならないのだが、内容的に「そういう視点はない」ということで、超越的視点を導入したこと自体を消していく――「戯れ」とはそういう「あるけれどもない」「ないけれどもある」二重性の産物なのである。

もちろん、この運動にはいくつかのヴァリエーションがある。「すべては言語ゲームだ」といった、あまりに単純な言明だけがいわれたわけではない。けれども、例えばゲーデルがウィトゲンシュタインがフッサールが……と並列すれば、その瞬間に不完全性定理や言語ゲームや現象学が、それぞれのコンテキストから切断され、コンテキスト自由《フリー》な意味をあたえられてしまう。言語ゲームが文脈だというのであれば、文脈自由な意味づけとは超越的視点以外の何者でもない。超越的視点は自存的な外部だから、それを内部と見なす思考であれば、遅かれ早かれ自分が内部にいることを発見してしまう。柄谷行人が続けているのはそういう運動である。

言葉をかえれば、「批評」すること自体がこの運動をひき起こすといってもよい。あのテキストとこのテキスト、あるいは言及されるテキストと言及するテキストといった形で、複数のテキストをおく文体は、コンテキスト自由な視点を必然的に出現させてしまう。たとえ批評自身がテキスト内在主義を宣言しても、テキスト概念を否定しても、あるいは超越的ならぬ超越論的自己を発見したところで、何かがかわるわけではない。批評の文体自体がそういう視点を要求するからだ。「「悲劇」を拒絶することさえをも、われわれは「悲劇」的と呼ぶべきだろうか。……そうだとしたら、われわれに「悲劇」を脱却する道がないということは確かなように思われる」――あの「マクベス論」の最後の言葉は、何よりも柄谷自身への予言であったように私には思える。

事実、言語ゲーム論がそうなったように、超越的視点の導入―消去も、くり返されれば、やがて読者にも論者自身にも気づかれてしまう。そうなると、言及する対象をかえて、一見ちがった形で超越的視点を再度密輸入することになる。その反復において、「現代思想」は高度に消費社会的な言説であるわけだが、反復も反復されれば反復自体に気づかれてしまう。視点が取りかえられるたびに、その超越性は減衰してゆき、零度に漸近していく。遅延をかけ、微分していくたびに、その効用はどんどんゼロに近づき、ただただのっぺりとした内部だけが広がっていくのである。そののっぺりとした内部においても、「新中間大衆」と「現代思想」はよく似ている。

4　階層の時間性《テンポラリテート》

しかし、私はこれ以上、二つの同型性を追うつもりはない。どんなに留保をつけ、どんなに遅延をかけたところで、この種の同型性を強く主張すればするほど、超越的視点を密輸入し、図式を再生産することになるからだ。「現代思想は新中間大衆の言説なのだ」という文化研究《カルチュラル・スタディーズ》型の図式と、「現代思想と新中間大衆は同時代的に共鳴していた」といった「現代思想」型の図式の間に、大した差はない。むしろこの二つは同位対立として、思考の深度を規定する停止装置《ターミネーター》となっている。にもかかわらず、あえてここで言及したのは、まさに停止装置であるがゆえに、それが停止装置であることを明示的に指摘しないかぎり、私自身の言葉もどちらかに回収されて無害化されてしまうからである。

実際、新中間大衆の実体のなさはもっと固有に説明できる。「世代間」という辞が示すように、世代間再生産は人間の生物的な一世代＝二〜三十年の時間をかけて生起する。本源的に時間的な出来事なのだ。それゆえ、そのリアリティは、自分の親あるいは自分がこれまでどうだったかという過去―現在軸だけから構成されるわけではない。もう一つ、自分あるいは自分の子どもがどうなるかという現在―未来軸がある。もっといえば、その二つを短絡的に統一した「趨勢《トレンド》」、つまり過去―現在―未来をつらぬく傾向性への信憑こそが、階層性のリアリティをつくりだすのである。その意味では、これも物語だといってさしつかえない。

そういう傾向性としては、一九八〇年代前半まで世代間再生産はたしかに解消されつつあった。八五年に行われた第四回SSM調査のデータでみてみよう。戦後社会の上層にあたるのはホワイトカラー雇用上層、つまり企業や官公庁の専門職や管理職である。その父主職×本人四十歳職のオッズ比が、一九二六〜四五年生まれの男性では四・三にまで下がっている。

オッズ比は世代間の継承性の強さを示す指標で、父の職業によるいわば可能性の格差の程度を表す。四・三というのは、父親がホワイトカラー雇用上層である人はそうでない人に比べて四倍以上、ホワイトカラー雇用上層になりやすいことを意味する。絶対値では依然不平等だが、実はそれまでの三十年間の間に九・四からここまで縮小してきたのである。

したがって、トレンドとして考えれば、これが将来もっと縮まる、つまり社会的上昇の可能性の格差がさらに縮小し、機会の平等がさらに進むと考えてもおかしくない。というか、そう考える方が自然である。現在から過去をふりかえれば、階層格差は「ある」。けれども、未来にむかってみれば「ない」。ないけれどもある。あるけれどもない。

これが戦後の、正確にいえば一九八〇年代前半までの階層社会だったのである。村上が新中間大衆の実証とした「地位の非一貫性」にも実は全く同じことがいえる。そして、この二重性、そこにひそむ本源的な時間性に気づかないままに、階層や階級の実体を現在時点で強引に同定しようとすれば、当然のことながら、実体のなさという結論しか出てこない。

5　コミュニケーションの閉域

先にのべたように、村上泰亮の『新中間大衆の時代』が刊行されたのは一九八四年である。「ミネルヴァの梟は……」といいたくなるくらい、それはよくできた終わりの始まりであった。

例えば、一九九五年に行われた第五回ＳＳＭ調査で新たに観測可能になった一九三六〜五五年生まれでは、ホワイトカラー雇用上層のオッズ比は七・九になっている。可能性の格差の縮小という従来のトレンドは消滅し、むしろ「戦前への回帰」が見られる。オッズ比以外にも、父主職による新たな格差が出現している。実は世代間再生産にかぎらず、マクロ経済統計もふくめ、八〇年代後半以降さまざまな格差が顕在化しており、日本社会は新たな階級化を起こしはじめている。統計データをつかったその本格的な実証は佐藤俊樹『不平等社会日本』（中公新書）をみてほしい。

しかし、これが一体何を意味するかについては、残念ながら、あまりよく理解されないようだ。これはたんなる経済的な不平等の拡大ではない。むしろ「語る」とか「教える」とか、「コミュニケーションする」といったことの付置を大きく組換えてしまうものなのである。

ホワイトカラー雇用上層、つまり企業や官公庁の専門職・管理職という形で「階級」が存在するならば、この階級はそのまま言説の閉域をなしてしまう。階層の閉域がそのまま言説の閉域となり、思想の閉域となる。これは明治以来、日本社会が一度も経験しなかった事態である（『不平等社会日本』第三章二、参照）。

例えば、マルクス主義を奉じる大学教員はマルクス主義的には資本家階級ではないが、ホワイトカラー雇用上層である。彼または彼女の父（厳密には主に生計をたてている側の親）がホワイトカラー雇用上層であれば、彼または彼女はりっぱな階級を構成する。思想や信条は関係ない。例えば、父が「右派」で子どもが「左派」でも、その逆でも、世代間継承性という点では何もちがいはない。もちろん、小中高の教員や新聞記者や出版社の編集者などもホワイトカラー雇用上層である。簡単にいえば、言説に職業的に携わる人間のほとんどが、ホワイトカラー雇用上層に所属するのだ。

これから外れる最も現実的な途は、自営への転職、つまりフリーの著述家になることだろう。アマーティア・センの「潜在能力 capability」の考え方をつかえば、こうした転身自体が父の職業によって可能になったもので、階級性の証しだが、世代間再生産にかぎれば現時点では閉域の外にでられる。

けれども、フリーの著述家の子どもがフリーの著述家になれば、これもやはり世代間再生産の閉域に入る。ホワイトカラー雇用上層とならんで、八〇年代後半以降、継承性が上がっているのがこのホワイトカラー自営なのである。そのオッズ比は九・九というきわめて高い数値を示す。吉本隆明の子どもが吉本ばななというのは、九〇年代に明瞭になった階級化のもう一つの典型例にほかならない。

6 召喚される実体

私たちの前のある閉域はこうしたものである。

逃れがたさという点では、これは不在の外部に似ている。だが、不在の外部は外部に逃れようとする運動によって出現する。だからこそ「不在」なのである。それに対して、この閉域はそういう運動を可能にするものとしても発見できる。逃れようとする根拠ともなり、階層・階級が再生産性で定義されることを考えれば、逃れようとしない根拠ともなる。不在というより、むしろ自存的な外部として映るのである。

マルクス主義の「階級」はまさにそういうものだったではないか、と思う人がいるかもしれないが、マルクス主義そのものが閉域を超越する視点にほかならない。「彼らは、先験的に『階級関係』を前提にした上で、『自己否定』の無窮動によって、個人や階層のあらゆる具象性を消滅させようとしている」(柄谷行人「江藤淳論」)。そんな視点はすでに三十年前に消え失せている。この外部はたんなる事実としてのみ存在する。

しかし、本当はたんなる事実性ほど強烈な閉域はないのだ。どうやっても、そのむこう側にまわりこめないからである。この閉域はそれこそ皮膚に触ってくるが、その性質上、いかなる内容の言説もその外には出られない。それに気づいた時、「他者」や「コミュニケーション」という言葉が、どんな留保をつけようとも、いかに多くの均質さや透明さを前提にしてきたか、あらためて思い知らされる。

断っておくが、事実としてあるといっても、0／1的な境界線があるわけでもない。この閉域はあくまでも確率的な障壁である。階層が可能性の格差として定義されるという意味でも、そして統計的データの上で実証されるという意味でも。それでも、不在の外部を求めてきた言説の空間を屈曲させるには十分である。

赤坂真理はあの文章をこう続けていた。

「結局見つけたのが古いブランド住宅地、成城。……国分寺崖線とよばれる急な段差が走る。その段差が成城を高台としていて、大地の途中には不動や稲荷があり低地からの邪を封じ、上には古墳が点在して古くからそこが権力者の座であったことを示す。」

——皮膚感覚というには、あまりにも古典的な階級像。けれども、このアンバランスさのなかに見出すべきものは、時代錯誤《アナクロニズム》ではない。触ってくるが言説はまわりこめない。そのことがこうした、奇妙なくらい実体的な「壁」を出現させるのだろう。言説の閉域を言説で直示しようとすれば、はるか手前で実体化させて召喚するしかない。だから、皮膚感覚で語りはじめたものが古典的なくらい端正な実体で終わる。もはや誰も実体をさがそうとしていないのに、実体が性急に出現してしまう。

それこそがこの閉域の刻印なのである。おそらく、そこにも「あるけれどもない」「ないけれどもある」の連続と切断が開かれるのだろうが、これについて語るのはまだ早すぎるようだ。

『大航海』二〇〇〇年八月号

エリートの責任（『不平等社会日本』書評）

御厨《みくりや》　貴《たかし》（政策研究大学院大学教授）

もはや「一億総中流」ではない。いたる所で階層差が現れており、平等信仰は急速に崩れつつある。誰もが実感として感じつつあるこの現象を、若き社会学者がアカデミックな社会調査の方法を駆使して見事に読み解いた。こう書くと、統計や数値はごめんだよとの声が今なお聞こえてくるような気がする。

しかし実はそうではない。著者は社会統計の手ほどきをしながら、いわばその実証手続きを基礎にして大胆な議論を展開するからである。「努力すればナントカなる」社会から「努力してもしかたがない」社会へ、そして「努力をする気になれない」社会へ——戦後日本半世紀の社会変化を著者はこのようにデッサンする。

社会をリードするホワイトカラー雇用上層（W雇上）は、戦後高度成長期まで「開放的」であったのが、一九八〇年代前半から急速に「閉鎖的」になっていく。W雇上である父親の目に見えぬ資産が子どもに受けつがれ、W雇上を継承していく。それはまさに「団塊の世代」に他ならなかった。ここでの著者の論敵は故村上泰亮であり、彼の有名な「新中間大衆論」への挑戦を試みる。つまり著者は、村上が言うほどには実態としての「階級のなさ」はなく、むしろ「中流」信仰が戦後社会の発展を促したと主張する。

その「可能性としての中流」の消滅と、開かれた選抜社会から閉ざされた選抜社会への変容こそが、現代日本の閉塞感に連なると著者は言う。そこでハタと気付くのだ、著者は価値中立的かつ実証的にのみ議論を展開しているのではないということに。いったいそれはどういうことであろうか。

著者は、とりわけ本書の後半（四章・五章）において、今や知識エリートによる「階級社会」化が進み「不平等社会」になりつつある日本の現状に警鐘を乱打する。ここでの議論の焦点は、日本人の意識構造に関する論理的分析にある。

一例をあげよう。W雇上の階級化の動きが、エリートの「責任」という観念そのものを崩壊させかねない現状がある。何かを自分で選んだという「責任」を伴わない「実績」は多分に「既得権」に転化し、選抜はゲーム感覚となる。「階級」の意識なく、したがってエリートに本来備わるべき「高貴な義務」の観念もなく、権力欲も社会的責任もない集団の再生産が行われる。

これはまことに恐るべき社会の到来ではないか。そこで著者は、いくつかの処方箋を示す。ブルーカラー系専門職とホワイトカラー系専門職の融合や管理職キャリアの再編――手っとり早く言えば、会社や組織で内製する人間と、専門職として派遣される外部の人間との積極的交流をはかり、管理職もボランティアや大学での再教育など自己を広げる努力をすることだ。

一連の著者の議論は説得的である。だが著者は同じく処方箋の一つとして、ここまで来たら西ヨーロッパ型の階級社会を意識的にめざす方向性もあるとしながら、「私自身はこの途はあまり気が進まない」と、一刀両断のもと切り捨てている。はたしてそれでよいのだろうか。今後の日本社会は、エリートたる自己を大衆の前で否定してみせて「責任」を解除されるこれまでの疑似エリートを、もはや必要とはすまい。「エリート」という言葉を真正面から使えない社会は、やはりどこかがおかしいのだ。

エリートの責任――これを今一度明確化し自覚化させる方法を考えるべきであろう。そしてW雇上のみならず、著者が実例にあげる「カリスマ美容師」を含めて各階層に見合ったエリートの責任論を生み出すことができたらと思う。

鼻持ちならぬエリート意識はごめんであるが、社会構造を理解した上での〝分〟にあったエリート意識は、社会の活性剤となろう。

最後に一言。著者はまことにキャッチフレーズ作りがうまい。そこで今後ともわかりやすい日本社会論を展開することを期待したい。

『文學界』二〇〇〇年九月号

「エリート幻想」の正体

大塚英志《おおつかえいじ》（編集者）

インターネットにアクセスできる人とそうでない人のあいだに情報格差が生じてそれが新たな社会問題となる、という見解がまことしやかに囁かれている。するとワープロさえ打てないぼくは、森総理ふうにいえばすでに早くも「日陰者」ということになるのだろう。けれどもネット上の流言飛語を知らなくても、iモードで株の取引ができなくても、そのことが深刻な格差だとはぼくには思えない。それよりも、たかだか「情報」へのアクセスの有無で人々のあいだに何か実体のある格差が生じると考える、その発想のほうにぼくは引っかかる。

バブルのころ、ぴあ社長の矢内廣が自分たちには土地という資産はないけれど情報という資産がある、とさかんに主張していたけれど、それはぼくが記憶するかぎり情報を資産と考えた最初の発言だった。情報の格差をあたかも貧富の差のように見なす発想の背後には、情報を資産であると信じ込みたい人々の思惑というか願望が見え隠れするような気がしてならない。そのことと、近ごろ、各所で奇妙に引き合いに出される佐藤俊樹『不平等社会日本』（中公新書）へのやや不思議な反響は必ずしも無縁ではないような気がする。そこには、この国のある種類の人たちのあからさまな階級化社会への欲望が見てとれると思うのだ。『不平等社会日本』は、専門職や管理職といったホワイトカラーの上位層において八〇年代前半を境に明らかな「世襲」が始まっていることを統計上指摘し、それを新たな階級化の始まりと見なすものだ。かつて小沢雅子が『新・階層消費の時代』のなかで土地の取得時期によって資産格差が生じ階級化が進んでいることを指摘したことがあったが、佐藤の階級化論が小沢説と決定的に異なるのは、土地のストックという具体的な資産ではなく学歴やサラリーマンとしての地位などの見えない資産に注目した点だ。

だが、ぼくが奇妙に思うのは同書のこういった主張よりもそれに対する反応のほうで、ホワイトカラー上位層の世襲をあたかもエリート階級の誕生のようにみなす受けとめ方が、たとえば以下のような形で見受けられることだ。

〈一連の著者の議論は説得的である。だが著者は同じく処方箋の一つとして、ここまで来たら西ヨーロッパ型の階級社会を意識的にめざす方向性もあるとしながら、「私自身はこの途はあまり気が進まない」と、一刀両断のもと切り捨てている。はたしてそれでよいのだろうか。今後の日本社会は、エリートたる自己を大衆の前で否定してみせて「責任」を解除されるこれまでの疑似エリートを、もはや必要とはすまい。「エリート」という言葉を真正面から使えない社会は、やはりどこかおかしいのだ。

エリートの責任――これを今一度明確化し自覚化させる方法を考えるべきであろう。そしてW雇上のみならず、著者が実例にあげる「カリスマ美容師」を含めて各階層に見合ったエリートの責任論を生み出すことができたらと思う。鼻持ちならぬエリート意識はごめんであるが、社会構造を理解した上での〝分〟にあったエリート意識は、社会の活性剤となろう。〉

（御厨貴による書評、『文學界』九月号より）

この一文はエリートじゃない人は「分をわきまえて」その階級内での階級意識をもちなさいとさえいっている点で何より鼻持ちならないが、明らかに日本社会のより階級化を望むものであることははっきりとわかる。しかし、エリートといってもそれはあくまでもホワイトカラー雇用上層（W雇上）、つまり企業の管理職とか研究者のような専門職のことでしかない。

だから大学教授の息子が大学教授になって、一部上場企業の部長の息子がやはり一部上場企業で部長になったといったところで、それはただサラリーマンの息子がサラリーマンになっただけの話で、サラリーマンが「エリート階級」だといわれてもちょっとなあ、というのが正しい反応ではないのか。なるほどこの層の年収は相対的には上のようだけれど、その格差は階級というほど大袈裟ではないし、所詮サラリーマンなんだからリストラされたら最後じゃない、というツッコミはないものとして、そもそもこの「階級」化論議は成り立っている。

だからぼくにとって不可解なのは、むしろこういった論議の背後にある「階級」化への奇妙な願望であり、それがいったい何によってもたらされたものなのか、ということだ。

戦後の機会均等主義は間違っていない

ここでちょっと話は飛ぶけれど、エリアーデが近代を通過儀礼なき時代といったことをぼくは好んで引用してきた。それはかいつまんでいえばこういうことだ。子供が成長して大人になるとき、父親の世代の大人像をモデルとして、それに同一化できる場合は大人になるための儀式は成立する。しかし、社会の変化が急速で、父親が子供が大人になる段階ではもはやモデルの役割を果たせなくなってしまったのが近代である。「大人」のモデルは流動化してしまったのである。だから国民国家的な意味での「国民」モデルを大人像の代わりにして、通過儀礼の代わりに学校教育がこれを与える、という代替の制度が近代の初めにどの国でも成立する。

けれども、たとえばある国で部長の息子がパパを人生のモデルにしてサラリーマンになって部長になる、という意味での「階級」化が始まったのだとすれば、それは要するにその国の進歩の速度が止まったことを意味する。そして息子がパパと同じ人生を歩む方向に日本が向かっていると考えると、論壇誌の類でずっと前から父親像の復権が盛んに語られていたことや、妙にマッチョな父親像を演じるホラー小説家もいて、父親モデルになりたい大人たちがうようよいたりすることもまた納得がいく。ぼくなどは「父と同じ一部上場企業のサラリーマンになりたい」と考える男の子と「親父のように生きたくはねーんだよ」という男の子と（いや、べつに女の子でもいいんだけれど）、どちらが頼もしい子供かといったら後のほうのような気がするが、もしかすると世間の考えはちょっと変わってきているのかもしれない。

そういえば十年近く前、団塊世代ジュニアが盛んにマーケティングの対象になっていて彼らを対象にさまざまな調査がなされていたとき、一つだけ驚いたのは「尊敬する人」の一位に「両親」がランクされたデータを見たときで、当時団塊ジュニアはイチゴ世代（十五歳前後だったのでイチ・ゴというとんでもないネーミングであった）と呼ばれた思春期の少年少女だったが、その年ごろのガキがパパやママを尊敬するってちょっと気色悪いな、と思った記憶がある。ただ佐藤によればホワイトカラーの「世襲」は団塊世代とその親のあいだから始まったらしいので、とすれば、その子供たちがやはりパパ、ママを尊敬していても「世襲」

予備軍としては少しもおかしくはなかったのだと納得はいく。

だがエリアーデの主張は措いておいても、パパを大人のモデルとしてパパのサラリーマンとしての地位も「世襲」する社会にこの国がなってしまった、ということがもしほんとうなら、それは若い世代が自力で自分の人生を切り開く活力を失ったことを意味するはずだ。佐藤の主張も一応はそのあたりにあるのだが、にもかかわらず同書を新たな階級の誕生を肯定するデータとして読みとる向きが、先に指摘したように少なからずあるのだ。

ところでぼくはかつて九四年の時点で、こういった「階級」への欲望が、差異の喪失が盛んに語られた八〇年代的消費社会論への一種の反動としてあることを指摘したうえで、こう述べたことがある。

〈小沢説に従うなら、現在の日本には当然のことながらフランス的意味あいにおける階級は存在しないが、日本社会の現状はそれを新たに生産していく方向にある。総「中流」化の次の局面としてストックを基盤とする「上流」が「中流」の中から分化することが予想できる。八〇年代の終焉とともに「二世」がもてはやされることになったのは、人々の意識もまた階級化に向かい始めた一つの証であろう。したがって平等を忌み嫌う戦後民主主義批判の正体とは日本社会の新・階層化を肯定していく言説としてある、といえる。

そこでようやく消費社会論は政治と出会う。すなわち、新・階層化とその再生産が進展する社会システムのあり方を放置しあるいは積極的に肯定していくのか、それとも、そこから生じる不平等を是正していく対応をすべきだと主張するのか、という「政策」の選択の問題が出てくる。ぼくが戦後民主主義のイデオロギーが理念として今なお有効だと考えることの一つには、日本社会が階層化に向かうという時代認識があるからである。（中略）したがって中流「幻想」を看破することは易いが、その幻想を打ち崩したところに現れるであろうミもフタもない現実と「階級」を前に改めて必要になるのは社会的矛盾の解決の原則となる「理念」であることは言うまでもないだろう。それがぼくが「戦後民主主義」批判に抗してその理念の今しばらくの有効性を説こうとする根拠の一つであることは言うまでもない。〉（『戦後民主主義の黄昏』）

今回、いうべきことはほとんどここに言い尽くされているのだが、もう少し佐藤の論議をふまえて補足しておくなら以下のようになる。これは佐藤も指摘していることと重なるが、「戦後」という時代は誰でも「中流」になれる時代であり、それを幻想と笑うことは簡単だが、日本人はその「中流」をめざすことでこの国の繁栄を築いた。アメリカンドリームがアメリカ社会の平等な競争原理の象徴であるように、中流幻想は日本の戦後社会の機会均等な競争原理の象徴であった。そして、日本よりはるかにあからさまな経済格差を許容するアメリカ的機会均等主義と戦後の日本の「中流幻想」のどちらがより相対的に根拠のない「幻想」

かといえば、それは前者であるのは明らかだ。

ぼくは中学しか出ていない父親と母親の息子だが、彼らは戦後の日本社会の原則であった機会均等主義を信じてささやかなその労働の対価をぼくの教育費に費やし、ぼくは大学に進学した。その結果、ぼくはなぜかおたくになってしまって、いったい階級差を乗り越えたのかどうかさっぱりわからない事例となってしまったけれど、ただぼくがこの国の戦後モデルはそう間違ってはいない、とずっと主張しつづけているのは、「中流幻想」的な機会均等主義が父や母の世代の日本人の生きる希望であったことを知っているし、ぼくはその恩恵として大学の教育を含め、こうやって物を書く技術や足場を手に入れることができたと考えるからだ。

まあ論壇や文壇のなかには、ぼくのような氏素姓の知れない奴に物を書かせるなという人もかなりの数いるのだろうし、そういわれたこともあったけれど、ぼくがここにいてそういう人々にささやかな不快感を与えつづけることができるのもまた戦後的な機会均等主義の賜物ではあるのだ。

都市型新保守の正体

いわゆる戦後民主主義批判の典型として、横並びの平等主義が自由な競争を阻止して「エリート」になるべきものの芽を摘んできた、という論議があるが、しかし佐藤の論議をふまえれば、それは二重の意味で間違っていることもわかってくる。つまり一つは、これまで見てきたような戦後社会の平等主義は誰もが「中流」になれる機会均等主義からなる自由競争の原理であったという点において。そして、にもかかわらず雇用されているというかぎりにおいて「中流」でしかありえないはずの管理職・専門職といったクラスターに「階級」幻想をこの国は結局、発生させてしまったという点において。

戦後的な「平等」批判を口にする人々は、論壇においても実社会においてもおそらくは佐藤が階級化したと主張するホワイトカラー上位層であり、彼らが自らの「エリート幻想」を自己肯定する言説が戦後「平等」主義批判の正体であることはこの際きっちりと指摘しておいていいだろう。だから、社会学者としては戦後的な機会均等主義の揺らぎに対する危惧を表明しながら同時に「管理・専門職」の父親の二世であることを告白する佐藤の書物が、「エリート」幻想の実在あるいは実在化の可能性を立証する書物して機能するのも、ある意味で当然のことといえるのだ。

だが、この「エリート幻想」はただの「幻想」ではなく、具体的な政治勢力となる可能性があることも指摘しておかなくては、議論は不十分なものとなるだろう。おそらく都市型の保守あるいはぼくが透明なナショナリズムと呼ぶ「新保守」の正体とは、「中流」から分離してエリート化をもくろむ「ホワイトカラー雇用上層」によって支えられる質のものではないか。そう考えると、自民党のなかで新保守的な意味合いの強い「自民党の明日を創る会」の顔ぶれ一つとっても石原伸晃、田中眞紀子、渡辺喜美、河野太郎とほとんどが「二世」であり、その意味では父の世代の既得権をしっかりと「世襲」し「階級」化した政治家たちであることは象徴的だ。彼らは、ホワイトカラー上位層を代表するという点ではもっともふさわしい人材なのだ。

あるいは保守論壇においても、よくよく考えると元日本共産党の末端党員の息子であるぼくを除くと、固有名詞は出さないが、ぼくと同年代の批評家や研究者は「管理・専門職」か、あるいはもっと上の企業のオーナーの「二世」であったりもすることは案外と大きな意味をもってしまうのかもしれない。

だから非エリート階級出身者の僻みに聞こえるのを覚悟して記せば、「管理・専門職」的な都市型住民と「二世」の政治家、および論壇の若手批評家や研究者がなんとなく一つの政治勢力にまとまりつつあるな、というのが現時点でのぼくの印象でさえある。政治の世界では九〇年代に入ってから対立軸がなくなったといわれるが、じつは「階級」化を肯定していこうとする政治勢力は明らかに一つの軸を政党の枠を超えて形成しつつあるのではないか。新保守の人々の決まり文句である自己責任や自由競争という物の言い方にしてもやはりそれは強者の論理であり、敗れた人々は敗北を受け入れなさいといっているにじつは等しいのだ、とぼくには思える。

しかもこういった言い方が、仮に「階級」化が進んだとき、明らかに下位の階級に区分されてしまう層にまで浸透していることには最大限の注意を促しておきたい。都市型新保守は「管理・専門職」のクラスターのみを支持層にすると、当然だが政治勢力としては数的に多数派たりえない。だからこそ、そこでポピュリズムが新しい保守の重要な資質となってくる。それは具体的には自らの「階級」に有利な政策を本来その政策からは切り捨てられる「大衆」に支持させ、かつ、「大衆」層の不満を転嫁させる対象を与えていく政治技術である。そう考えれば石原慎太郎の支持のされ方や彼の「三国人」発言の意味合いもきわめて明瞭になってくるではないか。あるいはまた、都市住民の税金を地方の公共事業にバラまくなという主張も、それ自体は論議としては正しいにしても、一方では富の再分配という階級間の問題を都市対地方の問題のなかに隠蔽している、という気もしてくる。

とすれば必要なのは、こういった「階級」化を志向する都市型新保守に対抗して戦後的機会均等主義の立場に立つもう一つの政治勢力である。「階級」という言い方をしているが、それはマルクス主義的な資本家対労働者という関係ではもはやない。おそらくは自民党の「二世」たちに民主党、自由党を合わせたあたりに「階級」化を志向する新保守が成立し、一方で、地方という弱者をケアする政党としての自民党、戦後社会のなかで思想や信仰の問題はさておいて、機会均等主義からどうしてもこぼれ落ちる層を現実的にケアしてきた公明党と日本共産党、そして戦後的な価値を「保守」する政党としての社民党が広義の社会民主主義的な政治勢力となり、アメリカの共和党と民主党のような形になっていくのがぼくにはもっとも正しい政治の姿だと思える。

「教養」への願望は「変化」に対する脅えである

話が政治の方向にいってしまったが、「階級化願望」に関してもう一点、触れておきたいのが「教養」の問題だ。ぼくは先の『戦後民主主義の黄昏』のなかで以下のようにも記している。

〈新・階層化社会の特徴は消費や文化そのものが階層化し、そのことによる階層の顕在化という形で現れる点にある。文化の階層化は「階級」意識を発生させる。その意味でともすればことばは階層化に奉仕する。したがってぼくと同世代の批評家や研究者がいわゆる戦後民主主義批判を口にし、あるいは自らを「知」の専門家や更には「啓蒙」家たらんと欲する、一群の言動は、ことばや知識の領域における階級化への志向のようにぼくには思える。〉

九〇年代に入ってからずっと流行している新たな「教養」志向も、どこかで管理・専門職階層の階級化への欲望と結びついてはいないかとぼくには思えるのだ。このところ大学生の基礎学力の低下をめぐる論議が盛んだが、ぼくが一連の論議で気になるのはその際の決まり文句である「××もできない（知らない）大学生がいる」という言い方である。そこにはこういった論議を好んでしたがる大学教師たちの「教養」を根拠にした階級志向がどうしても見え隠れしてしまう。なるほど、ある専門教育を受けるためにその前提となる基礎的な知識がいる。そのことにまったく異論はない。けれども「××を知らない大学生」と嘆く人々は、しかしなんだかそういう「教養」のない大学生がいることを喜んでいるようにも思える。知らなければ教えればいいだけの話であって、大学や専門学校で少しだけ教えている経験からいっても教えりゃ勉強するよ、あいつら、というのがぼくの印象である。

大学生の学力不足を嘆く人々には、どこかで特定の知識の集合からなる「教養」とそれの担い手たる自分を特権化したいという欲望はないのか、ちょっと胸に手を当てて考えてみなさいな、といいたい。こういう感覚はどうもぼくらの年代の研究者や批評家にも顕著で、宮台真司がわざわざ「啓蒙」という言い方をするのが好例で、べつに教えるというふるまいを「知識人」と「大衆」みたいな関係のなかに落とし込まなくてもいいのになあ、と思ったりもする。「知識人」が特定の知識の総体からなる「教養」とそれを「啓蒙」することを夢見てしまうのは、息子が「父親」のライフヒストリーをモデルにするのと同じく社会変化が小さな時代であって初めて可能であるわけで、それでは今日の日本社会が変化に乏しいかというとムチャクチャ変化している最中なのはいうまでもない。ということは、「階級」や「教養」への願望というのは「変化」に対する脅えというのがどうにも正しい気がする。現在の一部上場企業の管理・専門職や大学教授たちは「世襲」した二世で、その息子たちも「世襲」を望んでいるかもしれないが、しかし大企業も大学もこの先どうなるかわからないという時代だからこそ「階級」化は夢見られるのかもしれない。立花隆は東大生とかキャリアたちに「新しい教養とは英語とバイオとコンピュータだ」と説くが、それがどこか醜悪なのも「階級」の根拠としての「教養」をあせって再構築しているからのように思う。大学生の「学力低下」や「教養」のなさはじつは「知的な領域」の極度な流動化の反映であって、淘汰される教養が続出してもそれはそれで仕方のないことだとぼくには思えてならないのだけれど、それはともかく、このあたりで各自は冷静にこの国の階級化を望むのか、あるいは望まないのかを自分の「階級」をふまえて考えておく必要があることだけは確かだ。

『Voice』二〇〇〇年十月号

中流崩壊は「物語」にすぎない

盛山和夫《せいやまかずお》（東京大学教授）

繰り返される物語

今年になってにわかに「中流の崩壊」や「新階級社会」が大きな関心をもって語られるようになったが、私は「またか」という気分である。この種の話は、これまでに幾度となく繰り返されてきた。たとえば、だいぶ古いが一九七九年三月九日号の『朝日ジャーナル』誌は、「亀裂する『中流』――しのび寄る『ふるい分け』時代」と題する特集を組んでいる。その「編集部まえがき」も「受験戦争、不公平税制などのひずみが、格差拡大という形で加速されている。『中流』と一括された人たちの間で、『不平等時代がやってきた』という不満が高まっており、大きな亀裂が生じつつあるようにも見える」とあって、昨今の記事とほとんど変わらない。

今日、佐藤俊樹氏の『不平等社会日本』（中公新書）のほか、雑誌や新聞で見かけられる議論も、結局はある定型化された「物語」の再演にすぎないように思われる。それらを「物語」だというのは、その構成プロットの中にはいくつかの新しい事実がちりばめられているものの、物語を真実たらしめるに十分な証拠が欠如しているからである。

まず、その物語を再構成してみよう。あらかじめ断っておくが、これは佐藤氏や誰か特定の論者のものではなく、今日の議論や記事が人々によってそう解釈されていると私が推測するものである。

それは三幕からなっている。第一幕は平和で秩序ある人々の生活ではじまる。キーワードは、「平等神話」「一億総中流」そして「機会均等」。みんなが平等で中流に属しており、努力すれば望んだ地位につけると誰もが信じている。第二幕では、そこに外部から「市場社会」「グローバリズム」「競争社会」などというイデオロギーが侵入してくる。秩序に亀裂が生じ、「リストラ」や、「失業」の一方で、少数の人々は巨万の富を手にするようになる。不平等や格差が拡大して「勝ち組」と「負け組」へと分裂し、中流は崩壊する。第三幕は、この混乱が新しい階級的な秩序の確立で収拾される。すなわち、エリートの子はエリートに、そして大多数の貧しい者の子はやはり貧しくという、閉鎖的な「新階級社会」が世界を支配するようになって幕は閉じるのである。

この物語が真実らしく見える「証拠」らしきものには次の三種類がある。一つは、ここ数年の経済状況であり、絶対ありえないと思われていた大企業の倒産、解雇され失職した中高年のサラリーマン、廃業していく町の小さな商店、定職に就かないフリーターの若者たち、等の存在である。二つ目は、一九九〇年代になって所得格差が拡大したという橘木俊詔氏の実証的研究（『日本の経済格差』一九九八年、岩波新書）。そして三つ目が、「知識エリート」の再生産傾向が団塊の世代において急上昇したとする佐藤俊樹氏の研究である。

第一のものは、それぞれ事実ではあるけれども個別的な現象の集まりであって、それらだけでは「物語」にはならない。バブル崩壊と産業構造の転換に伴う単なる非自発的失業の一時的増大と見ることもできる。それらに対して、橘木氏と佐藤氏の研究は、不平等拡大のトレンドを示したものとして、物語の時間的な流れに信憑性を与えている。

不平等拡大説への疑問

ところが、この二つの長期的トレンドなるものは、明確に「間違い」だとまでは断言できないが、率直に言ってきわめてあやしい。このうち橘木氏の分析については、専門家の間で詳細に検討されているので（『日本労働研究雑誌』本年七月号）、それを簡単に紹介するにとどめよう。

橘木氏は、所得分配の不平等度を示す指標であるジニ係数が、一九八〇年代後期のバブル期になって不平等化に向かっていると主張した。しかしそれは、高齢者世帯が増大したことや、所得の低い若い単身世帯が増大したためである可能性が高い。それぞれの年齢層の不平等度に変化はなくても、全体の年齢構成が変われば全体の不平等度が変わりうるのである。実際、年齢別にジニ係数を算出した大竹文雄氏の論文によれば、一九七九年から九四年にかけて不平等度がとくに上昇した年齢層は、不平等化が深刻な問題になる四〇〜五九歳の中年層も含めて、存在しない。

次に、佐藤氏の「知識エリート閉鎖化」の問題を指摘しよう。これは、私たち社会学者が一九五五年から継続的に実施してきたSSM調査（社会階層と社会移動に関する全国調査）のデータを、氏が独自に分析した結果に基づいている。そこで閉鎖化の証拠とされるのは、氏が「知識エリート」とみなす「W雇上」階層（被雇用の専門・管理職）の父から息子への世代間の階層再生産傾向が、一九五五年から八五年にかけて減少してきた後、一九九五年で急上昇したというデータである。

この議論は、社会階層研究の中心テーマである「世代間階層移動の趨勢問題」に関係しており、日本でも外国でもこれまで数多くの研究がなされてきている。同じSSM調査データを用いた原純輔氏（東北大学）との共同研究（『社会階層——豊かさの中の不平等』一九九九

上位階層の閉鎖性のトレンド（40代、50代、対数オッズ比）

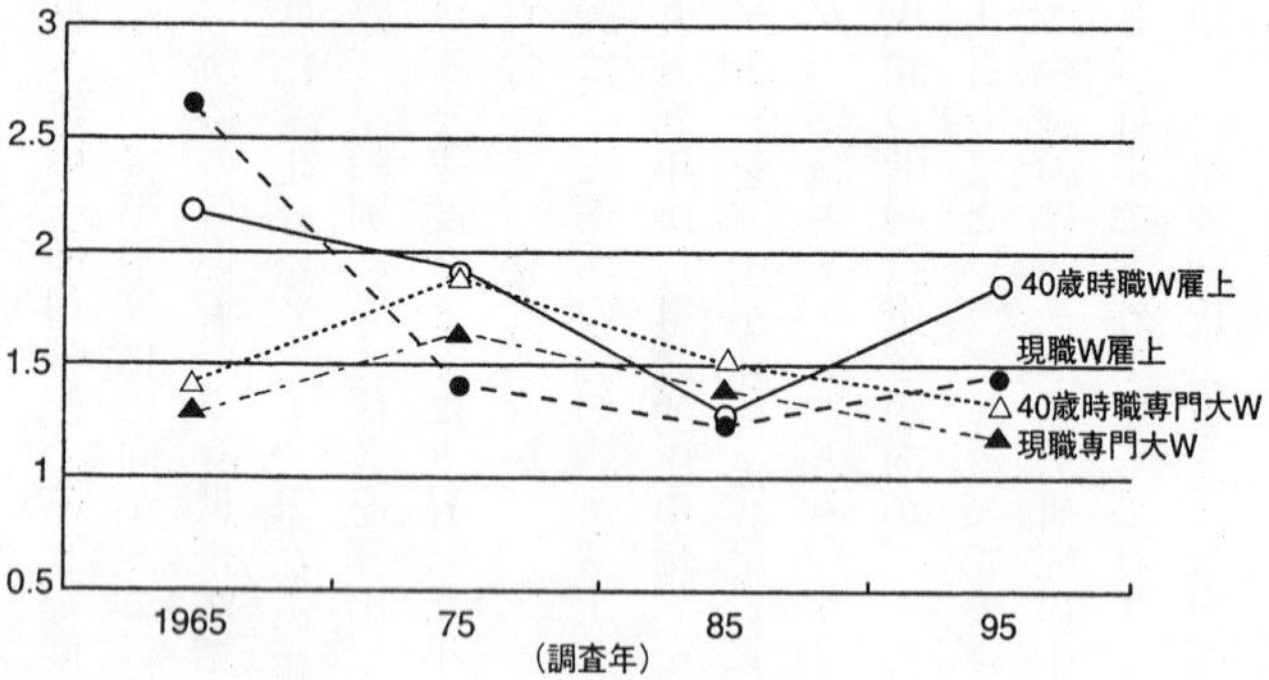

九年、東京大学出版会）では階層閉鎖化傾向は見出せなかった。

私は、ＳＳＭデータの分析から佐藤氏の言うような特定の時代変化の主張を導くのは困難だと考えている。その理由を上図で示したい。図では上位階層として佐藤氏の「Ｗ雇上」のほかに「専門大Ｗ」（自営も含む専門職と大企業に雇用されているホワイトカラー職）を用い、本人の階層を測定するために、佐藤氏が分析した「四〇歳時職」だけでなく、「現職」も用いて、計四種類のトレンドを示した。サンプルを四〇代、五〇代に限定した点、およびオッズ比（親がある職業についていたかどうかで、本人すなわち子どもがその職業につきやすいかどうかを測るもの。数値が大きくなるほど、親からの継承性が高いことを示す）を閉鎖性の指標とした点は、共通している。

四つのうち、九五年に急上昇を示しているのは、「四〇歳時職W雇上」だけであり、これが佐藤氏が示したものに対応する。もう一つ「現職W雇上」も小さな上昇を示しているが、これは統計的に有意ではない。他の二つはやや減少気味である。

このように違ったトレンドが現れた一つの原因は、階層区分や本人職の測定時点が異なるためである。これについては、どれかが正しくて他は間違いという基準はないといってよい。移動趨勢の分析のしかたは多様にあり、それらを総合的に見る必要がある。

もう一つの原因は、サンプル数の少なさである。SSM調査データ全体としては十分なサンプル数があるが、年齢を限定して特殊な分析をしようとすれば極端に少なくなってしまう。たとえば、四〇歳時職が分かっていて、しかも父階層がW雇上である四〇代、五〇代のサンプルは、八五年で六八名、九五年では四二名にすぎない。統計学的には「有意」だとはいえ、この小サンプル数から導き出される「差」は、やはりかなり偶然的な要因に左右されている危険性を否定できない。

ただし、ここで言いたいのは佐藤氏の分析が間違っているということではない。それが正しいという判断が、われわれのSSM調査データからは導きだせないということである。

「中流崩壊」の意味

冒頭の『朝日ジャーナル』に限らず、一九七八年から八三年にかけて日本で出版された本のタイトルに『中流の幻想』『中流に未来はあるか』『ルージング・イット——アメリカ中流階級の没落』*『みせかけの中流階級』『中流階級の危機』*などがある。今から約二〇年前にも、中流が幻想だとか没落しそうだという話が盛んだった。しかもそれが日本だけでないことは、*印をつけた翻訳物の存在で分かる。

さかのぼると、一九五一年にアメリカで出版されたベストセラーであるC・W・ミルズの『ホワイト・カラー——中流階級の探究』(邦訳は五七年)でも、二十世紀半ばのホワイトカラーがもはやそれ以前のような「中流」ではなく不安定な階層になったと主張していた。「中流」という言葉のこうした使われ方を見ると、それは何か確かな基盤のある社会的実体というよりは、むしろ象徴的な意味を担わされた「記号」だと考えたほうがよいように思われる。その象徴的な意味とは、「階層的なハイアラーキーの中ほどにあって、社会秩序の安定を支えている層」だということである。もともと、十八世紀後半にはじめてミドル・クラス(中流階級)の語がアメリカやイギリスで登場したときからそうであった。

その後、「中流階級」は特に「労働者階級」と区別されて、十分な資産・所得と独立した地位のある人々をイメージしていた。ミルズが主張したのは、現実のホワイトカラーはもはやその意味での「中流」ではないということである。

一九八〇年に村上泰亮氏が『中央公論』誌の「新中間大衆政治の時代」で述べたのは、かつての意味での「中流階級」に代わって階層的に構造化されない「新中間大衆」が出現したということであって、「みんなが中流になった」ということではない。むろん、ミルズ、村上の両氏における「中流」は、ともに「かつてのもの」として語られていることから分かるように、現実に存在したというよりもイメージとして構成されたものにすぎない。

ところが、村上氏が「新中間大衆」と呼んで区別した層は、いつの間にか「中流」と呼ばれるようになってしまった。その原因の一つは、単に世論調査で「自分は中程度の暮らし向きだ」と答えたにすぎないものを、マスコミがこぞって「一億総中流」とはやし立てたためである。そしてもう一つは、「中」の回答の現状満足的な性格に批判的な論者が、「中流は幻想だ、見せかけだ」と言いだしたためである。

このようにして、かつては「十分な資産・所得と独立した地位」を意味した少数の「中流」が、単に「中程度の暮らし向き（安定していてみすぼらしくはない生活）」を意味する「一億総中流」になった。ただ、それらが「階層的なハイアラーキーの中ほどにあって、社会秩序の安定を支えている層」だという意味では、変わっていない。

「中流」という言葉に「社会の安定層」というイメージが含まれているからこそ、かえってその「崩壊」や「没落」という衝撃的な物語がしばしば魅力的に感じられることになる。しかしそれは、あくまで象徴的なイメージにすぎない。「中流崩壊」の語を文字通りにとると、中流という社会の安定的な層がごそっとなだれのように崩れ落ちるさまを想起させるが、よく考えると、市場化や競争化のどんなに最悪のシナリオにしても、そうした意味での崩壊には結びつかない。かりに多少の格差の拡大や勝ち組・負け組の分化が起こったとしても、中程度の収入と生活水準を持った人々は、常に社会の大多数を占めるに決まっている。

「中流崩壊」の語には隠された意味がある。それは、人々の生活基盤が不安定になってくるということだ。そうした危険が必ずしも他人事ではないことは、ここ数年の経済不況の中で多くの人に実感されている。恐らくこれこそが「中流崩壊」という言葉が人々の関心を惹きつける最大のポイントだろう。

つまり、実体としての中流が消滅することではなく、人々の生活の安定性が脅かされること。その現実性はともかくその不安感が、今日の物語としての「中流崩壊」に真実味を与えているのである。

階級社会にはなりえない

不平等の拡大や中流の崩壊は、しばしば「新しい階級社会」の到来につながると理解されている。「階級社会」とは、高度経済成長期以降の日本人にとっては無縁のものであった。

そのため、かえって何かそら恐ろしい社会状況として漠然とイメージされている。

階級とは何だろうか。「階級」といっても、理論家によっていろいろ異なっており、「正しい」概念があらかじめ決まっているわけではない。しかし、この問題について筆者らは前掲研究の中で妥当な解決を示したと考えている。その時に前提にしたのは「高度成長期以降の日本は基本的に階級社会ではない」というテーゼであった。これを前提にして考えると、次のような結論が導かれる。

すなわち、階級は、①職業を中心とする社会経済的な地位の区分が、主要な政治的な利害の対立を構成し、政治的変革を志向した集団を構成する基盤をなしていて、②それぞれに「ふさわしい」生活様式や生活機会の違いがあり、その違いが規範的に広く人々によって認められているときに現れる。

「階級」は日常生活を生きる人々にとって社会がどう見えているかに依存しているもので、実は「身分」と密接に関連している。したがって、階級社会では次のような言説が実際にしばしば表明され、かつ多くの人に妥当なものとみなされる。すなわち、「労働者階級の子には学歴はいらない」「ブルジョワ階級のやつらはわれわれを搾取している」「私は労働者なんだから、当然左翼政党を支持する」「ここは君たち貧乏人の住む街ではない」「君は中産階級なんだからそんな大衆車に乗っていてはだめだよ」云々。

戦後の日本社会は、このような意味での「身分制」ないし「階級社会性」を徹底的に消滅させたことにおいて、近代産業社会としてきわめてユニークな発展を遂げた。むろんそれには華族制の廃止、農地改革、六・三制の導入など、いわゆる「民主化政策」のほか、経済成長と日本的経営の発展などの要因が働いている。

いわゆる「平等神話」なるものも、この文脈で理解すべきである。高度成長期以降、豊かになったとはいえ日本が平等社会になったことはないし、そのことは誰でも知っている。所得、資産、学歴、地位などの不平等は歴然としている。ただ、日本が欧米よりも平等だという相対的平等説は広く信じられたし、あながち間違いでもない。それは「階級がない」という感覚と符号していた。「平等神話」や「一億総中流」に対応するものがもしあるとすれば、それはまさにこの「無階級感」である。「誰でも努力すれば……」という意味は、身分的閉鎖性がないということ以上のものではない。

この点、佐藤氏が被雇用の専門職と管理職とを「知識階級」と呼んでいるのは、明らかに誇張がある。狭い範囲、たとえば警察社会の中で、キャリア組を「エリート階級」と呼ぶのはいい。彼らには特権的な昇進機会と権限が明示的に与えられている。しかし日本社会全体としてみたとき、教師や技術者や音楽家などからなる専門職と、市役所や大小の企業や各種団体の課長クラス以上の管理職とを含めて「知識階級」と呼んでみても、そこには実質が何もない。確かに平均的には学歴は高いし所得も高いかも知れないが、それだけのことだ。その階級に属したからといって、有利な機会や特権が与えられているわけではないし、生活様式が他の人々と大きく違うわけでもない。

それでも、世代間移動の閉鎖性が増していけば、「階級」と呼ぶにふさわしくなるのではないかと思われるかも知れない。潜在的可能性としてはそうだ。しかし、まず第一に、佐藤氏が示した「九五年の閉鎖性の上昇」なるものが、実質的にどの程度のものかを正確に見てもらいたい。四〇歳時に「W雇上」についているサンプルは、八五年で一四三名、九五年で九九名であるが、そのうち、父親がそれ以外の階層であるケースが八五年では一一九名、九五年で七六名である。つまり、下の階層からの上昇移動者が、それぞれ八三・二%と七六・八%という圧倒的多数を占めるのである。「閉鎖性が増した」という変化はこのデータに限りその通りかも知れないが、絶対的な水準ではとても閉鎖的とは言えない。

第二に、「階級」に関係するのは「労働者階級には学歴はいらない」とか「出自がよくないから出世はあきらめなさい」というような人々の規範的な捉え方である。現実にどれほど移動が激しくても、「われわれの社会は階級社会だ」とみなされることもあれば、逆もある。たとえば経済学者の森嶋通夫氏は『続　イギリスと日本』（岩波新書）の中で、階級社会だとみなされているイギリスのほうが世代間移動が大きいと指摘している。

昨今の論議が、機会や移動の階層格差への関心を高めたことは歓迎すべきことで、それが重要な問題であると考える点では、私も同じである。現に私たちはそれをテーマにした共同研究に取り組んだ（『日本の階層システム』全六巻、二〇〇〇年、東京大学出版会）。しかし、ほんの少しの移動の減少や不平等の拡大——それも確実ではない——くらいで「階級社会の到来」などと恐れるのは、ススキが揺れるのを見て幽霊に怯えるようなものである。日本だけではなく、先進社会では一様に「階級性」が消えつつある。この趨勢が覆ることはない。

競争は機会を拡大する

これまで、不平等拡大説、中流崩壊、そして新階級社会という一連の物語を構成するそれぞれの柱が、根拠薄弱かもしくは錯認であることを見てきた。それではなぜ人々はそうした物語に惹かれるのだろうか。

それは端的に言って、ここ数年の不景気と将来に対する不安のせいだと思われる。私は、高齢化、少子化、年金崩壊、財政赤字などについても過度に悲観的な「物語」が信じ込まれていると考えているが、それはまた別の大きなテーマなのでここでは立ち入らない。

現実に存在するのは、冒頭で述べた大企業の倒産、リストラ、中高年の失業などである。これらは、実際に生活の安定的な基礎を脅かすもので、「中流崩壊」のイメージにつながっている。社会の「競争化」「市場化」がそれを加速すると考えられている。

しかし、ここで注意してもらいたいことが二つある。一つは、今日の経済的不安定さは、明らかにバブル崩壊が原因であって、市場化のせいではないということである。第二に、「リストラ」という言葉で表される中高年層の生活基盤の不安定さは、金融や商社など一部の大卒のサラリーマンに焦点がおかれていることである。「勝ち組」「負け組」という話が典型的にそうだ。要するに、大卒男子サラリーマンの間で、格差が拡大し、安定性が失われつつあるということである。

バブルの後遺症に苦しんでいるのは、ほかに、建設、不動産、あるいは大型小売店などだが、今日の「中流崩壊」の事例としてあがるのは、末端の建設労働者やパートの従業員ではなく、大卒サラリーマンにほかならない。はっきり言って、今あらためて「競争化」や「市場化」が導入されようとしている対象は、これまで年功序列と終身雇用で大切に保護されてきた大卒男子サラリーマンなのであって、高卒の人々や女性の多くは、ずっと昔から競争化されていたのである。「中流崩壊」の実態は、たかだか大卒男子サラリーマンに競争原理が導入されるという話だと言うことができよう。

今日の日本経済の苦境を生み出した一つの要因が、七〇年代の二つのオイルショックを克服した日本企業の過度の自信と成功体験への執着だったと思われることからすれば、日本的経営の基本枠を維持しながらも、大卒者にもっと競争原理を導入することは原則的に望ましいだろう。これは官公庁や大学でもそうだ。

ここで、競争の導入は「知識エリート」の閉鎖化ではなく、むしろ開放化を意味することになる。プロ・スポーツやミュージシャンを見れば分かるように、競争的な市場には野心と能力のある若者が参入してくる。アメリカ経済を牽引しているＩＴ、金融、学術などの分野には世界中からそうした若者が殺到しており、そこでは親の学歴や経済遺産はほとんど意味を持たない。

したがって、かりにＳＳＭ調査データで階層固定化の兆しが少し見えたとしても、大卒男子サラリーマンへの競争性の強化はそれをうち破るだろう。「新階級社会」の物語は論理的に破綻しているのである。

さらに、大卒キャリアが競争にさらされることは、今日さまざまな問題を抱えている日本の教育を変えていくことにつながる可能性がある。つまり、有名大学に合格すればそれで上がり、というわけにはいかなくなるので、単なる受験秀才を生み出す結果に陥らない教育システムへ転換することが期待できる。

むろん競争原理を導入するからといって、中高年の人々がただちに路頭に迷うような不安定状況を作り出すべきでないことは当然だ。実際、所得格差の拡大がいわれるアメリカにしても、そんなことが起こっているわけではない。中流崩壊や新階級社会は今日の不安心理が作り出した幻影である。重要なのは、それに脅えることではなく、若い世代により多くの機会と希望とを与えることができるような未来を構想することだろう。

『中央公論』二〇〇〇年十一月号

でも進む「不平等社会化」――選抜と機会と「階級」

佐藤俊樹《さとうとしき》（東京大学助教授）

書かれたものと読まれたこと

『不平等社会日本』という本を出してから、ほぼ三ヵ月になる。さいわい多くの読者にめぐまれ、書評などでとりあげていただく機会も多かった。

特に本の第二章で述べた「本人の四〇歳時点の職業でみると、一九二六〜四五年生まれの世代まで、企業や官公庁の専門職・管理職であるホワイトカラー雇用上層（以下W雇上と略記）の世代間継承性はずっと低下してきたが、一九三六〜五五年生まれ世代で反転上昇している」はかなり衝撃的だったらしく、「不平等社会化」という新語まで目にした。その一方で、盛山氏の論文をはじめ、さまざまな疑問や批判もよせられた。

そこでこの場をかりて、そのいくつかにお答えしたい。批判というのは著者にとって貴重なものである。ちがった角度から考え直す機会をあたえられるだけではない。自分の議論がどう受けとられたかも教えてもらえる。むろん疑問や批判のすべてが誤読によるわけではないが、私が書こうとしたものと読まれたことの間には、微妙な距離があるようだ。

一つには、データをなぜこう解釈するかという、論理の組み立てすべてを説明できなかったため、誤解をまねいたところもある。それは著者である私の責任だが、説明不足はやはりおぎないたい。さらにもう一つ、「どう読まれたか」それ自体が現在の私たちを映し出している面もある。その点でも、この微妙な距離は興味ぶかい。

	1926～45年生まれ		1936～55年生まれ	
	「たたき上げ」	「学歴」	「たたき上げ」	「学歴」
W雇上出身	11.8%	12.4%	8.4%	28.6%
非W雇上出身	40.6%	35.3%	37.8%	25.2%

表4・1　父主職とW雇上へのルート

長い選抜期間

本のなかで私は、「学歴―昇進型の選抜」といった表現をくり返しつかった。これは、戦後に出現した四〇歳職W雇上、つまり企業や官公庁の専門職・管理職になるプロセスをさすもので、就職前の学歴獲得競争と就職後の昇進競争を一体として考えている。ところが、これを「高い学歴をえて昇進コースにのる」と誤解された方がかなりおられた。

実際には、本の表4・1に示したように（本人の学歴で短大以下を

「たたき上げ」型、四年制大学以上を「学歴」型と表記）、九五年ＳＳＭ調査（社会階層と社会移動に関する全国調査）の「団塊の世代」（＝一九三六～五五年生まれ）でも、四〇歳職Ｗ雇上の四割以上は短大以下の学歴の人である。つまり、四〇歳職Ｗ雇上は他の四〇歳職にくらべて学歴がかなり高いが、すべてが四年制大学卒ではない。父親の主な職業がＷ雇上で本人四〇歳時の職業もＷ雇上である人だけでも、約二割は短大以下の学歴である。学歴だけでＷ雇上の再生産がおきているわけではない。

日本は「学歴社会」だといわれる。たしかに学歴の高い人の多くは社会的な地位も高い。だが、それがすべてではない。企業にはいれば昇進競争がまっている。知識の習得も学生よりはるかにシビアに要求される。学歴エリートだけが私のいう「知識エリート」ではない。有名大学卒でも「無能」とされる人や、短大以下の学歴でも高く評価される人が必ず出てくる。部長級や役員級ならともかく、四〇歳の時点で課長級ならば、四大卒でなくても到達できる。終章「やや長いあとがき」に出てくる私の父もその一人である。

なぜこういう誤解がうまれたのか？　私の説明不足はいうまでもないが、他にも三つほど要因があるように思う。

第一は「学歴」信仰の根強さである。「学歴によってほとんど人生が決まる」という観念はやはり強固なのだろう。高学歴獲得に子どもを駆り立てる親たちだけではない。それを批判する人々、さらには経済不振や社会問題の原因をすぐに「学歴社会」や「受験戦争」に求める人々も実はその一翼をになっている。その種の「悪役《スケープゴート》さがし」を通じて、結局「学歴」信仰を強化していることになるからだ。

「競争がない」という神話

第二の要因は、ホワイトカラー、特に「大卒ホワイトカラーには競争がない」という通念である。現実には、日本の大卒ホワイトカラーにも昇進をめぐってはげしい競争が存在する。だからこそ私は四〇歳職で調べたわけだが、思っていた以上にこの通念はひろがっているようだ。現在流通している閉塞化論の多くは、盛山氏の指摘の通り、経済不況をもたらした悪役さがしになっていると思うが、「競争がない」こそ、そのなかでつくられた贖罪羊《スケープゴート》ではなかろうか。

日本のホワイトカラーがかかえる病理の根は、ホワイトカラー全体に共通する働き方にあると私は考えている。乱暴にいえば、競争のあるなしではなく、競争のさせ方が問題なのだ（本で述べたようにこれは過度の単純化だが）。

だから、大卒男性を現在の高卒や女性と同じ立場で競争させても、解決にはならない。ことさらに大卒ホワイトカラーに焦点をあてるのは、「学歴社会」批判と同じで、かえって病根を見失いかねない。

第三は、競争がないことと機会の不平等の混同である。これは一種の「競争」信仰だといえよう。九〇年代後半、競争は効率的である上に公平でもあるという、市場万能主義がさかんになった。その裏返しで、「機会の不平等がある」という私の指摘が「競争がない」かのようにとられたのではなかろうか。

競争がないことと機会の不平等は無関連である。本の第五章でのべたように、競争をもっとはげしくしても、いやたとえ正しい方向での競争（それがどんなものかはともかく）を導入したとしても、機会の不平等が解消されるとはかぎらない。今の社会では、たとえすべての人の「能力」を正確に測れたとしても、その「能力」が例えば父親の職業と関連している可能性はあるからだ。

私は盛山氏とはちがい、「競争の導入は『知識エリート』の閉鎖化ではなく、開放化を意味する」とは考えていない。アメリカのITや金融や学術で活躍している人に親の学歴や職業が関連しているかどうかは、それこそSSMのような調査をしてみないとわからないはずだ。そういう不公平のリスクを直視し、そのリスクを犯してまで競争を導入すべき理由を明示することこそが、「機会の平等」社会での説明責任《アカウンタビリティ》なのである。

ところで、『不平等社会日本』で「学歴—昇進」を一体としてあつかったのは、二つ理由があった。一つの理由はサンプル数の問題だが、もう一つ、学歴とか「学校」にこだわること自体に私は懐疑的だからである。選抜競争のなかで学歴は、もてる者にももたざる者にも大きな重みをもつが、だからといって、学歴へのこだわりを結果的にせよあおることもしたくない。学校がらみのデータしかないならともかく、そうでない場合には学校にあえてこだわらないという見方も重要だと思う。

機会の平等とは何か

第二章でのべた継承性の反転上昇にくらべて、第五章でのべた「機会の不平等は『後から』しかわからない」については、あまり注目されなかった。しかし、これは『不平等社会日本』全体を理解する上で重要な鍵である。

「『後から』しかわからない」というのは次のことをさす――機会の平等が守られているかどうかは、特定の不平等要因が働いていたかどうかという形でしか知りえない。それぞれの人が地位をえた後に調査して、本人に帰責できない過去の状態（例えば父親の職業がW雇上かどうか）が本人のえた地位（例えば四〇歳時職がW雇上かどうか）と関連している場合に「機会の不平等がある」といえる、という形でしかいえないのである。

これは機会の平等を考える上で、重大な意味をもつ。安易な「小さな政府」論をしりぞけるだけではない。先ごろノーベル経済学賞を受賞したA・センの不平等論への批判でもある。両方への批判という点はちょっと意外かもしれない。私はセンを尊敬しているが、彼の不平等論には重大な欠陥があると思う。それは「機会」を直接測定しようとする点だ。

「機会」を直接測定するには、ある人が「本来なら何ができたか」がわからなければならない。つまり、その人の性格や潜在的な適性まで、他人が正確に把握していることになる。考えようによっては、これ自体が個人の生に対する全面的な干渉である。だからこそ、ハイエクは機会の平等を全面的に展開することに反対したのだろう。その良識もわかるが、機会の平等をごく限定的にものにすれば、実質的な不公平はつのる。機会の平等原理がかかえる根本的なディレンマがここにある。

このいわば「センーハイエク問題」は経済思想や法哲学ではよく知られているが、階層論のような経験的な研究にとっても重要な課題だと思う。機会の平等は「後から」しか、そして具体的な不平等という形でしかわからない、というのが、それに対する私なりの応答なのである。残念ながらこの答えは私のオリジナルではなく、三年前に読んだ論文をたまたま読み返していて気づかされたものだが。

社会全体が閉鎖化した？

『不平等社会日本』をめぐるもう一つ大きな誤解も、ここにかかわっている。「日本社会全体が閉鎖化している」「階級化している」という風に、この本は要約されることが多い。この要約は一見わかりやすいが、曲者である。「社会全体」という、その「全体」の意味がはっきりしないからだ。

例えば本の図2・1と図2・4（本書二一ページの図と同じ）で示したように、W雇上以外では親子の継承性に大きな変化はない。また、初職や三〇歳職で測れば、W雇上のオッズ比（親がある職業についていたかどうかで、本人すなわち子どもがその職業につきやすいかどうかを測るもの。数値が大きくなるほど、親からの継承性が高いことを示す）は一貫して低下している。学歴—昇進型の選抜が広がった分、二〇代でみればつねに開放的になってきている。その一方で、四〇歳職をみれば、オッズ比は一九三六〜五五年生まれで反転上昇する。これらを私は「選抜を通じた再生産の高まり」と解釈したわけ

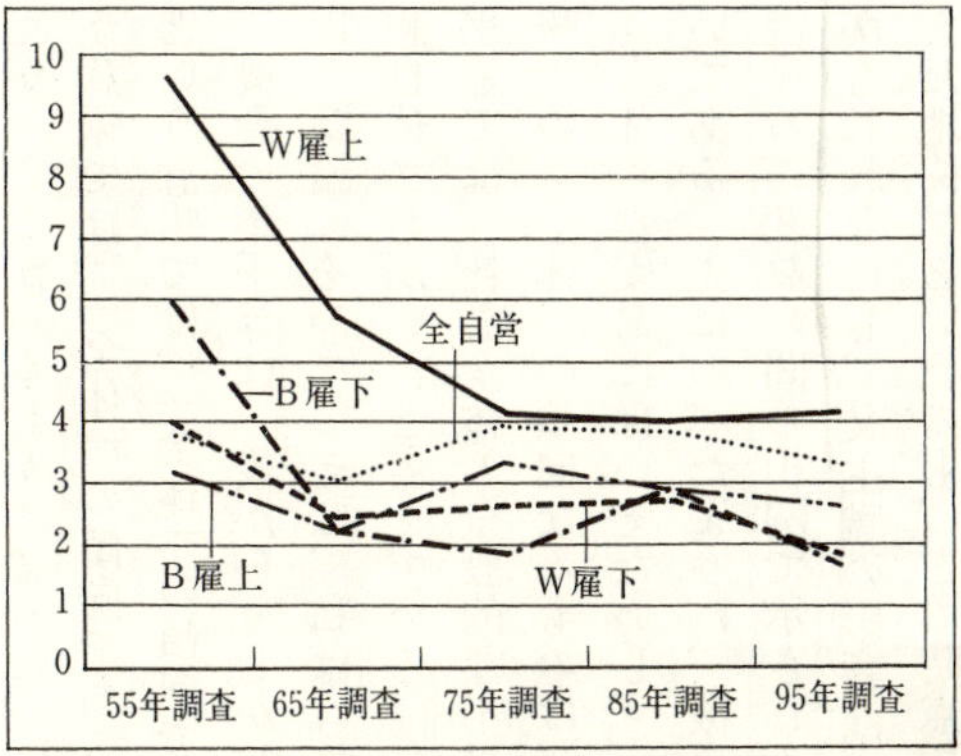

図2・1　調査年別・父主職×本人現職のオッズ比

だが、ここからもわかるように、この不平等化は、社会をいきる多くの人々にかかわるという意味では、「全体」の傾向であるが、さまざまな測り方でのオッズ比を同時に上昇させるという意味では、「全体」の傾向ではない。

機会の不平等は「後から」しかわからないというのは、そういうことでもあるのだ。盛山氏の議論にそっていえば、私は「移動趨勢……を総合的にみる」という従来の階層研究の発想自体まちがいだと考えている。私たちは過去の、特定の不平等しか知りえない。機会の不平等では、社会全体の全般的な不平等度みたいなものはそもそも調べられない。そういう意味での「全体」の傾向なるものは語れないのだ。

「全体」を安易にはいえないし、いうべきでもない——これも結果の不平等との大きなちがいである。先にのべたように、機会の不平等は父主職と本人四〇歳職のような、時間的に前後する二変数の間の相関で示される。けれども、本人四〇歳職には父主職以外の要因があるかもしれないし、父主職の影響は本人四〇歳職以外で測れば、ちがった値を示す。「本人の見た地位」というのも、どの時点でみるかによってかわってくる。

そういう不確定性を機会の不平等ははらんでいる。セイフティネットなどの政策的課題だけではない。もっと根源的な問題なのだ。機会の不平等は高度に理念的な、誤解をおそれずにいえば、高度に仮説的な概念なのである。

四〇歳職W雇上――職業分類と年齢がもつ意味

逆にいえば、機会の不平等をみる上では「どこに注目するか」「なにで測るか」が決定的に重要になる。『不平等社会日本』で私が「本人のえた地位」としてつかったのは、四〇歳職W雇上である。四〇歳時点でW雇上、つまり企業や官公庁の専門職または管理職になっているかどうかで、父主職の影響を測ることにしたわけだ。

これが何を意味するのか。盛山氏の図（二二六頁）で説明しよう。この図の四本の線のうち、二本は専門大Wという別の職業分類である。これはW雇上から中小企業の管理職（中小W管理）をはずし、かわりに大企業の事務職・販売職（大W雇下）をいれたものだと考えてよい。

私がこの分類をつかわなかったのは、大W雇下は中小W管理や大W管理と性格がかなりちがうからである。事実、七五年調査以降の四〇～五九歳の現職でくらべると、中小W管理と大W管理は平均収入で有意な差がなく（p値は〇・一五以上。p値は小さいほど「差がある」といえることを保証する）、学歴スコアでも九五年調査では差がなくなる。それに対して、大W雇下は学歴・収入とも大きな差がある（p値は〇・〇〇一未満）。大W雇下の収入・学歴は、四〇歳職W雇下とほぼ同程度である。

五〇～五九歳の現職でみても、大W雇下は大企業ホワイトカラー全体（専門をふくむ）の三〇～四〇％を占めており、決して少数ではない。したがって、専門大WをW雇上と同じ意味で「上位階層」とよぶことはできない。中身がちがえば、オッズ比の動向は当然ちがいうる。

残る二本の線は、どの年齢でみるかのちがいである。実は四〇歳という時点には、『不平等社会日本』で述べた以外に、もう一つ大きな理由があった。この点をきちんと説明しなかったのは、完全に私の落ち度である。W雇上の多数を占めるのは管理職（主に従業員三〇人以上の企業と官公庁の課長級以上）だが、管理では何歳までに管理になったかが大きな意味をもつ。ホワイトカラーのキャリアについては、大企業や官庁の大卒を中心にかなり研究されており、いくつかの特徴がわかっている。

簡単にまとめると、課長級（企業によって呼称はちがうが）より一つ下の級までは、同じ採用枠の同期入社組はほぼそろって昇進するところが多い。課長級への昇進になって、はじめて選別がおきる。早い組と遅い組にわかれるのである。ここで遅い組になると、課長級より上への昇進はほとんどのぞめない。逆に、早いほどより上の地位に昇進する率も高くなるが、もっとも早い昇進者から一～二年の遅れは十分挽回できる。課長級への昇進年齢は企業によってばらつきがあるが、大体三五～三七歳ぐらいがピークである。

したがって、大卒でも四〇歳までに管理になれなければ、昇進競争から「落ちた」ことになる。短大以下の学歴でも四〇歳までに管理になれれば、大卒の「落ちた」組を逆転したことになる。学歴の高い方が有利なのはたしかだが、最終的な決着は、先述の「長い選抜期間」の節でのべたように、あくまで就職後の昇進競争でつく。学歴—昇進という、一つながりの選抜プロセスなのだ。

四〇歳管理にはそういう意味がある。四〇歳時点で見ることで、いわば管理職らしい管理職をとり出そうとしたのである。学歴や収入も高く、昇進機会にもめぐまれ、自己裁量の範囲もひろい。四〇～五九歳の現職では、四〇代後半や五〇代で管理になった人もはいってきて、性格がぼやけてしまう。中身がちがってきてしまうのである。

選抜と「あと継ぎ」

しかし、だからといって、四〇歳職W雇上以外の測り方がまちがっているわけではない。専門大Wや四〇～五九歳現職W雇上の方が適切なケースはいくらでもある。重要なのは問題関心がどこにあるかであって、どの測り方がよいかはそれ次第である。

例えば、もし「知識エリートの世代間再生産」だけをみるなら、四〇歳職W雇上、つまり専門管理の被雇用者だけでなく、専門管理の自営もくわえた方がよいだろう。私自身、別の論文ではこちらの方をつかっている。この分類すなわち四〇歳職W雇上でみると、一八九六〜一九〇五年生まれの戦前世代からオッズ比の値は、実はほぼ一定になる。父がW上である人とそうでない人との間で、なりやすさの格差はずっとかわっていないのだ。

けれども、『不平等社会日本』では四〇歳職W雇上の方をつかった。それは、平等なはずの選抜における機会の不平等、いわば競争社会のなかの「目に見えない」機会の不平等に焦点をあてたかったからだ。要するに「二重底」である。現在の不平等をめぐる人々の関心の焦点の一つはそこにあり、そしてこの不平等化は形式と実質のずれという点でも重要度が高い、と考えた。競争の自由をかかげ、選抜の結果という形で各人の地位を正当化している社会なのだから。そういう機会の不平等をみるには、W雇上の方が適切である。

W上とW雇上のちがいは、専門管理の自営をいれるかどうかにある。この点は『日本経済新聞』の書評で橘木俊詔氏もふれておられたが、実は専門管理の自営でもっとも多いのは宗教家、お寺や神社である。これらの職業につく、特に継承するには高い学歴が要求されるが、継承の直接の競争相手はいない。その点では商店により近いと考えた。開業医などではまた少しちがうが、数が少ないし、あと継ぎ以外の開業は四〇歳より後が多いのではないか。

こうした不平等の存在はすでによく知られており、人々が考える選抜競争の主な舞台ではない、すなわち「努力すれば……」の「努力」の主要な対象になっていない、と考えた。それゆえ、長い選抜のなかの不平等を測る上では外した方がよいと判断した。

ただし、くり返しになるが、「なにで測るか」はあくまでも問題関心による。例えば地方の小都市や町村では、お寺や神社は重要な「知識エリート」である。彼らをいれた場合、専門職・管理職の継承性が戦前からかわらないという事実も重要な発見だと思う。そういう点も考慮して、私はこれまで四〇歳職W上と四〇歳職W雇上を併用している。

「階級」の用法

次は誤解ではなく、私が意外に思ったことである。

本を書きながら、「W雇上が階級化しつつある」という表現をつかうかどうかは最後まで迷った。戦後の日本では、「階級」という語はマルクス主義というイデオロギーに結びついて、独特の意味をもってきたからだ。マルクス主義者にまちがわれても困るし、ましてマルクス主義者から「階級概念の誤用だ」と批判されても、私には不毛なだけである。

ところが、フタを開けてみると、どちらの心配も杞憂におわった。そのたぐいの誤解は全くうけなかったのである。もしかすると、マルクス主義者もふくめて、「階級」への感覚が急速に変化しつつあるのかもしれない、と思った。

イデオロギーに結びついていたということは、信じる人には見えるが信じない人には見えないということだ。階級があるかどうかは、事実よりは信念の問題であった。英語の「クラス」とはちがって、戦後の「階級」は素朴な事実性をもたない。村上泰亮氏の新中間大衆論はまさにそこにうまくはまった。

そうした「階級」感覚が変容しつつあるのではないか。「階級」という語をつかうきっかけとなったのは、赤坂真理氏の『ミューズ』である。著者自身が「階級、ということを書きたくて」というこの小説は、小田急線の喜多見から国分寺崖線を成城へ登っていく場面《シーン》でははじまる。そこには、戦後長く忘れられていた「階級」の匂いがただよう。

もともと日本でも「階級」はつねに否定的なニュアンスで語られていたわけではない。例えば、関西の阪急沿線住宅地は、阪急電鉄創業者小林一三の言葉を借りれば、「郊外の気分漂ふ愉快なる生活の出来る中産階級達の楽園」として開発されたものである。東京の高級住宅地として有名な田園調布も、最初は、「中流階級の人士を空気清澄なる郊外の域に移して……生活上の便利を得せしめん」という宣伝文句《キャッチコピー》で売り出された。

『ミューズ』の成城は、その戦前の田園調布を彷彿とさせる。成城も田園調布も一九二〇年代に、国分寺崖線がきりだす丘の上に造成された。その頃の「階級」感覚に似たものが今、リアリティをもちはじめているのではないか。

「階級」をめぐる盛山氏と私の意見のちがいも、結局そこにあるように思う。具体的な定義のずれは派生物にすぎない。

「階級」が現在リアルに感じられるのであれば、人々がそれでなにを表現しようとしているのか、私はまずみてみたいのだ。戦前のような巨大な貧富の差や、一九七〇年代までのイデオロギー対立はもはや存在しない。みんなそれはよく知っている。にもかかわらず「階級」という言葉が死なないのは、そこに地位不安やマスメディアの話題づくり以上のものがあるからではないのか。そういう立場から私が発見したのが、一八九六～一九〇五年生まれ世代と同じ水準になっている機会の格差の問題なのである。

実際、W上でみると、この戦前世代からオッズ比はあまりかわっていない。この間、四〇歳職W上の比率は一〇％から二五％にふえており、十九世紀の感覚では「中流階級」とよぶにふさわしい。そういう意味では、私は「総中流」は崩壊したと考えているが、「中流」が崩壊したとは考えていない。むしろ戦前の上層が拡大する形で、新たな「中流階級」を形成してきたといえる（佐藤俊樹・石原英樹「市民社会の未来と階層階級の現在」『日本の階層システム6』参照）。例えば中島梓氏の『ベストセラーの構造』には、それが「自らを『エリート』だと考えたがっている」「知的中流階級」として描かれている。

W雇上でも途中経過をのぞけば、ほぼ同じ見方ができる。盛山氏が指摘した流入率の高さにしても、本の図3・10（次ページ）の通り、昔の方が今より高い。戦前の「中産階級」の階級規範についてはデータの裏付けをまちたいが、流入率では戦前の方が開放的だったと思われる。

不平等社会のなかで

とはいえ、『不平等社会日本』で見出された「階級化」を、今後の不変のトレンドとうけとる人がいるとしたら、それはいきすぎである。「社会全体が閉鎖化した？」の節でのべた不確定性もあるし、盛山氏が指摘しているサンプリング誤差、その他の誤差もある。これらについては本で説明してあるので、読んでほしい。機会の不平等の取り返しのつかなさを考えて、私はその誤差のリスクを犯すことにしたわけだが、四〇歳職W雇上の閉鎖化がどうなるか、その最終的な答えは、終章で述べたように、次回のSSM調査をまつしかない。

そして、もしW雇上の閉鎖性が九五年調査の一九三六～五五年生まれ世代の水準でつづくとしても、そこに「戦前への回帰」だけをみるのは一面的すぎる。これはいわば現代の「大

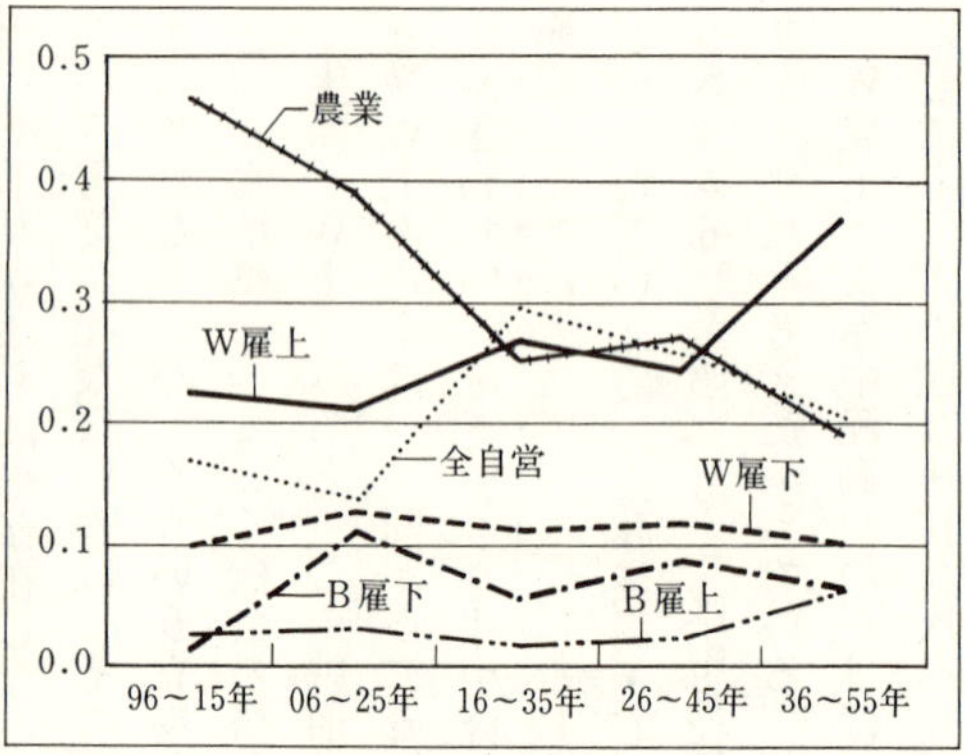

図3・10　40歳職W雇上へ父主職からの流入率

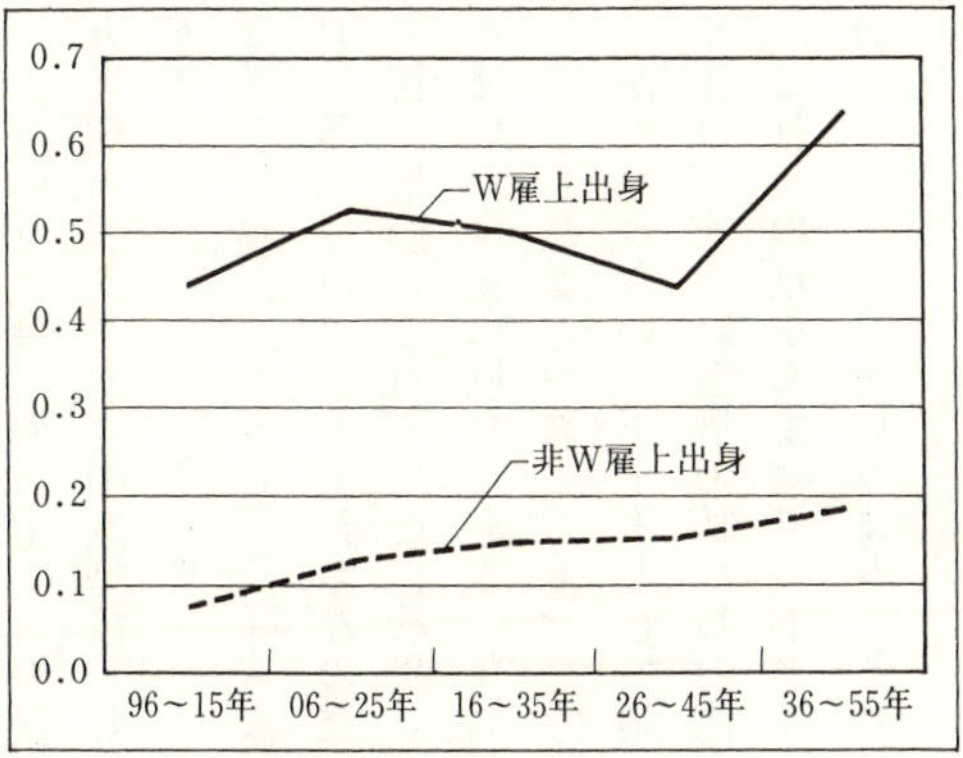

図3・8　40歳職でW雇上についた比率

衆社会のなかの階級」だからである。そこには二つの意味がある。

まず第一に、盛山氏も指摘しておられるように、生活水準の絶対的な格差は大幅に縮小されている。家計支出、消費スタイル、学歴や昇進競争への経済的アクセスなどでは、戦前とはくらべようもないほど、今の社会は均質化されている。

そして第二に、まさにこの均質化ゆえに、残る格差に対して人々はいっそうセンシティブになる。本の図3・8で示したように、父がW雇上である人もそうでない人も、四〇歳職W雇上になれる確率はずっと上昇しつづけている。絶対的には、W雇上になりやすくなっているのだ。だからこそ、出身による機会の格差がより重く感じられる。そういう意味では、「階級」はつねに発見され直されるものなのかもしれない。一九二〇年代の「労働者」「中産階級」の形成自体、都市家族という均質化の産物だともいえる。

こういう社会での「上」への欲望は、物質的な欲求から次第に承認への欲求へ近づく。十九世紀イギリスの「中流階級《ミドルクラス》」も「尊敬される《リスペクタブル》」という形で承認の欲望をふくんでいた。私がW雇上、つまり企業や官公庁の専門職・管理職に注目した理由の一つもそこにある。彼らは学歴や収入が上であるだけでなく、身近な周囲から、例えば会社や住宅地で「上」だと日々承認されている人たちなのだ。この承認の問題は、山崎正和氏が『読売新聞』のコラムで鋭く指摘しておられた。承認の欲望は、勝者が即敗者をうむというゼロサムゲームになりやすいがゆえに厄介である。なにかを得たというより、欠落感の形で現れてくる。

そうしたことを考えると、「階級社会化」より「不平等社会化」の方がたしかに実態に近いかもしれない。不平等として測られ、不平等として感覚される——選抜を通じた機会の不平等は、そういう形で私たちの社会につきささっている。

これらの点をふまえて『不平等社会日本』を読んでもらえば、また新たな発見があるのではないか。予告というより、それは私の願いであるが。

『中央公論』二〇〇〇年十一月号

今こそ「階級社会」擁護論——「中流の飽和」を超えて

櫻田《さくらだ》淳《じゅん》（評論家）

「論争」をめぐって

佐藤俊樹・東京大学助教授の著書『不平等社会日本』は、確かに大きな反響を呼ぶ書となるに至った。この書には、既に様々な新聞や雑誌の書評欄で論評が加えられているし、独立した論文という形でも批判が加えられている。『中央公論』平成十二年十一月号においても、盛山和夫・東京大学教授の佐藤批判論文、及びそれに対する佐藤助教授の反論が、並んで掲載された。この「論争」は、「本当に日本は不平等社会に向かっているのか」といった点をめぐるものであり、「SSM調査」や「ジニ係数」といった社会学や経済学の領域の専門用語に馴染みの薄い私には、教えられるところの多いものであった。

さて、『不平等社会日本』の議論に関連した佐藤助教授の論文「『新中間大衆』誕生から二〇年」が『中央公論』平成十二年五月号に掲載されたのに歩調を合わせるかのように、雑誌『文藝春秋』（平成十二年五月号）では、「衝撃レポート―新・階級社会ニッポン」と題された記事が掲載された。この記事では、外資系証券会社に勤め数千万円単位の年収を手にしている金融スペシャリストを「勝ち組」、リストラの対象となった大手企業管理職を「負け組」とした上で、その「勝ち組」と「負け組」の格差の実態が、扱われていた。現に、私が本稿を執筆している平成十二年十一月初頭、経済停滞の最中にもかかわらず、東京・汐留にある高級マンションが、即日完売となったことが報じられている。日本社会の中の「内なる変化」は、誰もが感じるところとなっているのであろう。

「不平等社会化」にせよ「新・階級社会の浮上」にせよ、その受け止められ方は、総じてネガティヴなものである。盛山教授は、『不平等社会日本』に描かれた「中流崩壊」や「新階級社会」を「今日の不安心理が作り出した幻影」であると断じている。佐藤助教授は、実際の趨勢としての「不平等社会化」を指摘している。この点、「中流崩壊」や「不平等社会化」という言葉で表せる現象が「幻影」なのか「実態」なのかについての私の判断は、後で示すことにする。ただし、私は、『不平等社会日本』への広範な反響には、この現象をネガティヴのものとして受け止める心理が働いていることは、間違いないであろうと考えている。

しかし、「不平等社会化」「中流の崩壊」と呼ばれる現象は、果たしてそれ自体が忌避されるべきものなのであろうか。『不平等社会日本』には、「日本は努力すればナントカなる社会か。努力してもしかたがない社会か」という些か単純化された問いが付され、その問いは、「実は努力しても仕方がない社会になりつつあるのではないか」というメッセージとともに、世の人々が漠然と抱いているであろう気分に合致したものとなっている。けれども、「努力してナントカなった後に、どうするのか」という問いを向けられたならば、人々は、どのように答えるつもりであろうか。現下の問題は、我が国において、このようなことについて、一定の諒解ができ上がっていないということなのではなかろうか。

「中流の崩壊」か「中流の飽和」か——「不平等」社会・日本の意味

「不平等社会化」「中流の崩壊」と称される現象を議論する際、先ず確認すべきは、何を基準にして「平等」や「不平等」が論じられているかということである。多分、この問いに答えを示すのは、さほど難しいことではないであろう。それは、端的にいえば、「富」や諸々の「便益」に与ることのできる機会が、平等であるか不平等であるかということである。

前に触れた『文藝春秋』誌上の記事で典型的に示されているように、諸々の「格差」とは、結局は、収入や暮らし向きをめぐるものである。「中流の崩壊」の文脈で指摘されている意味での「上層」、即ち佐藤俊樹助教授の言葉にある「W雇上」層（ホワイトカラー雇用上層）

もまた、学歴や職業威信だけではなく、その収入が「上層」の「上層」たる所以として受け止められている。現在、「W雇上」層の子弟が「W雇上」層の立場を受け継いでいることは、多くの人々をして、「裕福な人々」の子弟しか「裕福な人々」になり得ないと感じせしめている。それが、「努力しても仕方がない……」という慨嘆の中身なのである。

しかしながら、振り返れば、十余年前、世が「バブルの狂瀾」の最中にあった頃、別の文脈で、「努力しても仕方がない……」という声が囁かれたことがあった。それは、地価の暴騰に伴い、普通の給与所得者層には、都内で自宅を構えるのが無理な状況になっていると意識されたことを指している。そこでは、たまたま、大都市中心部や近郊に土地を保有していたために、それを売却して一夜にして数億円単位の富を手にした人々が、妬みの眼差しを向けられていた。学歴や収入というよりも、土地を保有しているかどうかが、「格差」を生む基準と考えられていたのである。我が国の社会における「格差」の意味を考えるとき、十余年前の「土地長者」の繁栄と現在の「管理職」「専門職」の繁栄には、直接には何ら関係はない。この十余年の歳月の経過を前にすれば、現在、「勝ち組」として位置付けられている層が、一〇年後も「勝ち組」として数千万円、数億円単位の収入を得ながら豪奢な生活を営んでいるという確証はない。目下、議論の対象となっている「格差」は、その意味では、あくまでも相対的なものでしかないのである。

このように考えれば、「富の分布や配分」ということのみに着目して「不平等社会化」や「中流の崩壊」を論じるのは、どこか皮相にして奇妙なところがある。戦後、我が国の幾多の人々は、「中流階級」として確かに未曾有の「富」を手にするに至ったし、そのことが「一億総中流化」という戦後の信念を支えていた。しかし、私の印象では、「中流階級」とは、「富を獲得する欲求」と「現有する富が失われることへの恐怖」の双方を持つ階級のことである。たとえ、「W雇上」層ですらも、経済情勢の転変や病気や事故といった自らの事情によって仕事が続けられなくなれば、「中流の崩壊」の文脈での「上層」としての生活を支える富を失うことになる。その意味では、「W雇上」であれ「B雇下」（ブルーカラー雇用下層）であれ、実に不安定な立場でしかない。「中流階級」は、「自分や自らの家族の将来の生活を心配しなくても済むほどには富裕ではない人々」のことである。従って、「中流階級」が「中流階級」として社会の中で優勢な位置を占め続ける限りは、「富・金銭を超える価値」が前面に浮上するのは、難しいことになる。

「バブルの狂瀾」の時期、我が国の幾多の人々は、株や土地に対する投機に続々と乗り出したけれども、そのことは、「富の使い途といえば、株と土地しか思い付かなかった」という事情を反映したものでしかない。また、その時期、とある製紙会社会長がヴァン・ゴッホの絵画を百数十億円で購入した後、「死んだら棺桶の中に一緒に入れてほしい」と放言し、世の顰蹙を買ったことがある。この会長の振る舞いは、今から振り返れば、嬉々として高級ブランドのアクセサリーを買い漁る若い女性の振る舞いと、質的には何ら差異がなかった。このように、「製紙会社会長」と「若い女性」の振る舞いが似通った我が国の社会状況を前にして、「階級」の分化が始まっていると断じることは、果して適切であろうか。

以上の議論を踏まえれば、現在、我が国において進行しているのは、「中流の崩壊」などではなく「中流の飽和」とも呼ぶべき現象なのではないか。『不平等社会日本』で展開されている議論の中で、「不平等社会化」の「負」の側面として指摘されているのは、「責任の消滅」といったことである。「W雇上」層の子弟が「W雇上」としての立場を親から継承する過程では、彼らが自ら挙げたと意識している「実績」は「既得権益」の類に化す一方で、彼らは自らの「社会的な責任」を自覚しようとしない。つまり、「便益だけは手にしても社会的な責任を担おうとしない」層の存在によって、我が国の社会に及ぼされる弊害が、そこでは大いなる懸念を伴って指摘されているわけである。

しかし、現下の趨勢が「中流の崩壊」ではなく「中流の飽和」であるとすれば、「W雇上」層が「便益だけは手にしても責任を担おうとしない」層であるのは、むしろ当然のことなのではなかろうか。というのも、「W雇上」層にとっては、自ら手にしている諸々の「便益」は、「周囲の社会の厄介にならずに自活する」という中流階級の一つの倫理に則って振る舞った結果に過ぎないものであり、その「便益」が他よりも大きなものになるのは、自らの「実績」に照らし合わせて当然の果実であると意識されるであろうからである。

その点、「社会に規範を示す責任を担う」のが「エリート」や「選良」の定義であるとすれば、「W雇上」層は、「エリート・選良を生み出し得る層」であっても、それ自体を「エリート・選良」と呼ぶのは決して適切ではない。しかしながら、世間では、「エリート医師」「エリート銀行員」といった類の言葉によって、「W雇上」層が憧憬と羨望の入り混じった世の眼差しの中で「選良」と位置付けられてきた。「選良の立場」と「社会への責任意識」が乖離するのは、何の不思議もないことなのである。

私は、「階級」というものは、「生活の流儀や社会への態度に関して一定の共通諒解を有している人々の集団」と定義付けられると考えている。昔日、我が国には、華族制度という世襲身分制度が、厳然として存在していたし、その華族の中には、澁澤、岩崎、三井、住友といった「富豪層」各家の当主が含まれていた。また、帝国大学、陸軍士官学校、海軍兵学校、高等師範学校といった教育課程を経て「選良」として然るべき「生活の流儀や社会への態度」を身に付けるための仕組は、現在よりも多様に用意されていたのである。そこでは、別々の「生活の流儀や社会への態度」を共有する一群の人々が、幾重にも折り重なって、我が国の社会に影響力を及ぼしていた。その意味では、戦前までの我が国は、確かに「階級社会」であったのである。

然るに、目下、もし、「中流の崩壊」が進行しているのであれば、中流階級とは別の「生活の流儀や社会への態度」を持つ一群の人々が浮上し始めているはずである。しかしながら、そのような人々は、依然として世に影響を与える存在としては登場していない。昨今、情報通信や金融の分野で幾多の「富裕な人々」が登場しているけれども、彼らの中に、諸々の公益事業のために私財を提供している例は、どれだけ存在しているであろうか。私は、そのような「中流階級の論理を超える精神」が発揮された例を寡聞にして知らない。この現状に鑑みるに、私には、「中流の崩壊」が、少なくとも人々の「振る舞い」の上では、盛山和夫教授が断じたように「幻影」なのではないかという印象を拭い去ることができない。

「階級社会」の意義について

前節で指摘した「中流の飽和」という現象が進行することは、我が国の社会の今後を展望する上では、大いなる弊害を意味しよう。「便益は手にしても面倒な責任は負いたくない」というのは、誰でもが抱く本音かもしれないけれども、そのような本音が一定の影響力を持つようになることは、危険なことである。そこで「中流の飽和」を克服するためには、「国家・社会に規範を示す責任を担う」層、即ち真正の「選良・エリート」層を一つの「階級」

として社会に明確に位置付けて、その定着を図ることが、我が国にとって大事な課題になる。

前に触れたように、『不平等社会日本』は、中流階級の中で「保有する富の格差」が拡がっている事実を指摘しているに過ぎないところがあるけれども、目下、われわれが顧慮しなければならないのは、「中流階級」と呼ばれるものの枠組とは別に新たな「階級」を登場させることである。そのことは、端的にいえば、我が国に真正の「階級社会」を復権させよということである。「中流の飽和」という現状の下では、誰であれ自らの「社会的な責任」に関して特別な意識を持つのは、容易なことではない。「社会的な責任」に関する特別な意識というのは、「階級」に象徴される社会的な装置が受け皿になってこそ、初めて意味を持つ。「自分は社会の中で何をしなければならないか」ということを人々に絶えず確認させる枠組こそが、「階級」に他ならないということである。

私は、率直にいえば、「階級社会」への助走を始めることは、現下の急務であると考えている。そのことは、次に挙げる二つの観点から、議論を進めることができる。

(1)「守銭奴」出でて「篤志家」滅ぶ

まず、以前から折に触れて主張している通り、私は、「富裕階級」を適正に復活させるべきであると考えている。「W雇上」層とは、佐藤俊樹助教授の言葉を借りれば、「努力してナントカなった」人々を指すのであるけれども、「努力してナントカなった後に、どうするのか」を示す層が、「階級」として必要であるということである。昔日、我が国には、「富の使い途」に関して規範を示す一群の人々が、「富裕階級」として存在していた。そして、私は、昔日の「富裕階級」の典型こそ、岡山・倉敷にある大原美術館の建設で知られる大原孫三郎に他ならないと考えている。無論、「大原コレクション」に関しては、大原が資金に飽かせて美術品を買い漁った結果であるという印象を抱く人々も少なくないかもしれない。しかし、「大原コレクション」に収められる美術品を実際に収集したのは、大原と同郷の美術家・児島虎次郎であった。大原は、児島自身の創作活動を終生に渉って援助しただけではなく、「日本に本格的な西洋美術コレクションを揃える」という児島の理想に共鳴し、美術品収集のための資金を提供したのであった。大原の振る舞いは、前に言及した「ゴッホの絵画を購入した製紙会社社会長」の振る舞いと比べるとき、際立った光彩を放っている。件の「製紙会社社会長」は、明らかにゴッホの絵画を私しようとしたけれども、大原は、初めから一般に公開する目的で自らのコレクションを収集したからである。

この大原の事蹟を踏まえれば、「バブルの狂瀾」の時期、我が国に「富裕階級」が存在しなかったのは、我が国の社会全体にとって不幸なことであった。その時期、大原に類する「富裕階級」人士が二、三名でもいれば、件の「製紙会社社会長」の振る舞いは厳しく戒められたであろうし、俄かに富を得た人々の中には、このような「富裕階級」人士の振る舞いに倣う形で、賢明な「富の使い途」を模索した人々も、登場したであろう。しかし、実際には、「バブルの狂瀾」期の富は、その後の我が国の社会に何ら有意義なものを残さなかったのである。

終戦直後、断行された「財閥解体」は、「富裕階級」を一掃したし、高率の所得税や相続税は、「富裕階級」復活の余地を封じてきた。今、「W雇上」層の人々に富が集中し始めている情勢を前にすれば、この「W雇上」層が、利己的な「守銭奴」の域に留まるか、あるいは社会の中での責任を自覚する「篤志家」になり得るかは、「W雇上」層を「富裕階級」に適正に転換できる仕組を構築できるかということに掛かっている。その意味でも、われわれは、「戦後」という時代の呪縛から早急に離れなければならないのではなかろうか。

(2)何故「無党派の風」は吹いたのか

次に、「不平等社会化」の議論とは直接の関連を持たないけれども、「階級」を再生させる必要が切迫しているのは、我が国の政治、あるいは広い意味での「統治」をめぐる領域である。「統治」とは、「複雑な人間の社会を前にして一定の秩序を付与する営み」なのであれば、それを手掛けるには、相応の作法や見識が必要とされる。そうであればこそ、「統治」という難事に携わる「選良」の養成が、古今東西、意識的に行われてきたのである。

しかし、昨今の我が国では、「統治に際しての作法」が無用であるかのような雰囲気が蔓延している。そのことを典型的に示すのが、平成七年の東京、大阪両知事選での「青島・ノック現象」から先刻の長野県知事選、衆議院東京二十一区補選に至る「無党派の風」の席巻である。この一連の流れの中で首長や議員に選出された候補は、私の見たところ、「統治」という営みとは無縁の日々を過ごしてきた人々である。世の人々は、「統治」に携わる際の能力や見識とは無関係の基準で、自らの代表を選び出している。それは、「青島・ノック現象」の末路を考え併せれば、決して人々の利益を意味するわけではないことは明らかであろう。故に、私は、いかなる意味でも、「無党派の風」を肯定的に評価することはしない。

しかし、その一方で、このような「無党派の風」の席巻には、自由民主党を初めとする既成政党の側の怠惰が、大きく関わっていることは、指摘されるべきであろう。たとえば、長野県知事選に際しては、自民党と他の既成政党は、前副知事を候補者として擁立した。そして、前副知事候補の陣営は、傘下の地方自治体首長や地方議員を動員する形で、大々的な組織選挙を展開したのである。ただし、この候補者選定の過程や実際の選挙の有り様は、「地方官僚OBを擁立し、公共事業推進を提起しながら、組織選挙を展開しさえすれば勝てる」という予断が見え隠れしている点では、極めて安易な印象を世に与えるものではなかったか。

私は、田中康夫という作家が「統治に際しての作法」を身につけた人士であるかどうかを判断する材料を持たない。けれども、私は、田中氏が知事に選ばれた背景には、前副知事候補周辺の「安易な態度」が幾多の長野県民に忌避されたという事情があるのは、想像するに難くないであろうと考えている。「学問のある馬鹿は無知な馬鹿より馬鹿だ」というモリエールの辛辣な警句を援用すれば、自らの行政経験や選挙手法が依然として有効だと信じた前副知事候補は、行政経験皆無の田中氏に比べれば、「統治」をめぐる環境の変化を判っていなかったという点においては、愚かであったということなのであろう。

「夫レ民ハ賢ニシテ愚、愚ニシテ賢」という言葉は、「民衆の目線で物事を考えつつも、民衆に媚びてはならない」という「統治に際しての作法」を教示している。現下の政治情勢に引き付けるならば、民衆とは、国家全体に関わる根本的な事柄よりも自らの生活に関わる身近な事柄を語る候補に一票を投じるという意味においては、愚かであるけれども、「安易な態度」で「統治」に携わろうとする候補の器量を見破ることができるという意味においては、賢いということなのであろう。けれども、この言葉に表される「統治の作法」は、今では真面目に顧慮されてはいないことではないか。「統治」という難事に携わる「階級」が消滅するとともに、「統治に際しての作法」もまた廃れていく。「無党派の風」が盛んに喧伝されている我が国は、そのような流れの極点に到達しているのである。

平成改元以降、我が国では、幾多の高級官僚の不祥事が相次ぎ、経営危機に直面した企業経営者が右往左往する光景が繰り返された。多くの人々は、そのことに憤激と失笑の眼差しを投げ掛けたものである。しかし、彼らは、「社会に規範を示す責任を担う人々」として当初から育成された人々であったのか。彼らは、事実上、「階級」の消滅した我が国において、誰もが平等の「大衆教育制度」の枠組の中で育成され、一介の事務官なり平社員から昇進していった人物に過ぎない。それならば、何故、世の人々は、彼らに特別な責任意識や見識が備わっていると誤解したのか。総ては、「階級」という社会装置を悪しきものとして闇雲に退場させたことから、始まっていたことなのではないか。

「階級」を復活させる若干の方策

それでは、我が国の「階級社会の浮上」という趨勢を積極的に肯定するという前提の上で、「階級社会」を適正に再生させるためには、どのような方策が採られるべきであろうか。私は、そのためには、現行教育制度を抜本的に改め、特に義務教育以降の課程で徹底的な細分化を図ることが、大事であると考えている。そのことは、具体的には、次の二つの手順に従って推し進められるべきであろう。

第一の手順は、「国家、社会に規範を示す責任を有する」層を育成するための仕組の構築を意識的に始動させることである。一般には、有名私立幼稚園から有名大学に至る教育の「経路」は、人々が「良い仕事」に就くための条件と意識されている。しかし、問題は、この「経路」の中で何が教えられるかである。平成十一年秋、東京・音羽で起こった幼女殺害事件は、その背景に「お受験」をめぐる母親同士の確執があると報道されたこともあり、「お受験」の是非をめぐる議論を誘発した。この「お受験」が激化する背景として指摘されているのは、「親のブランド志向心理」「公立学校教育の現状への不安」といったことであろう。ただし、現実には、「お受験」に関わるのは、比較的に裕福な「W雇上」層を中心としている。そのことによって、「お受験」は、「裕福な家の子供達は、受験勉強をしなくても大学まで進学できる」という印象を世に与えるものとなっている。その意味では、「お受験」もまた、結局のところは「便益」の獲得という動機に密接に結び付いたものでしかなくなっている。有名私立幼稚園から有名大学に至る「経路」は、そこで学んだ事柄の中身というよりは、そこに籍を置いたという事実の方が、重視されるようになっているのである。

私は、「W雇上」層の子弟が有名幼稚園から有名大学へと学歴を積み重ねるという現実が動かしようのないものであるならば、そのような人々の関わる「有名校」の教育の枠組をこそ、「階級」としての「選良」の養成の枠組として明確に位置付けるべきであると考えている。現在、有名であれ無名であれ、中学校が中学校であり高等学校が高等学校である限りは、教えられる中身にはさほどの質的な差異もない。そのことが、「有名校＝実績の照明」という構図に転化し、今や多くの弊害を生んでいるのである。「社会に規範を示す責任を担う」という特別な役割を担う人々は、特別な教育の枠組によって育成されるべきである。もし、「W雇上」層の子弟に「社会に規範を示す責任を担う」役割を期待したければ、彼らには、そのような特別な枠組をくぐらせることが、大事な過程になる。

そして、その特別な枠組の中で、従来、行われたような人文、社会、自然の諸科学の知識の伝授という域に留まらず、東西両洋の古典教育を徹底して行うとともに、スポーツなどを通じて肉体的にも精神的にも難儀な修練の機会を用意できれば、「選良」の養成という目的に即して実を挙げることができるであろう。また、美術や書画、音楽といった芸術領域に対する造詣を深めることもまた、「選良」の条件であろう。この点、高等学校や大学での教育の有り様を批判して、「実際の役に立たない」と指摘する向きがあるけれども、私は、「選良」の養成の枠組は、「一見して、実際の役に立たない」のが当然であると考えている。複雑な人間の社会を前にして、一定の秩序を付与するとともに諸々の規範を示すという営みには、「強靱な精神」と広範な「人間への洞察」が必須であるけれども、そのような「人間への洞察」を実の伴ったものにするためには、広い意味での「教養」、即ち「実際の役に立たない」知見が大事であるのは、あらためて指摘するまでもないからである。無論、「選良」養成の枠組が「W雇上」層の子弟によって独占されないようにするための仕組は、どのような場合においても機能させておかなければならない。総ての「W雇上」層の子弟が、「選良」としての資質を備えていなければならないわけでもないし、「W雇上」以外の層の子弟が、「選良」たる資質を欠落させているわけでもない。この点、「W雇上」層の子弟が大挙して通っているとされる幾つかの有名私立校が、たんなる「既得権益の場」ではなく「選良」養成の枠組としての性格を明瞭にするならば、その証明は、どれだけ「W雇上」以外の層の子弟を迎え入れる条件を整備できるかということである。具体的には、入学選抜方式の多様化や奨学金制度の拡充といった方策は、真剣な考慮が必要とされよう。また、各都道府県に二、三校程度の公立「中高一貫校」を設置することを通じて、「選良」養成の空白地域を作らないようにすることは、「W雇上」以外の層の子弟、あるいは地方の有為の人材を発掘するという観点からは、大事な配慮であろう。「選良」とは社会の中で自ずから成る人々ではなく、意識的に養成されるべき人々である。このことは、幾度も確認されるに値するであろう。

次に第二の手順として、自らの技量によって社会の中で身を立てたいと願う人々には、それに相応しい教育の枠組が多彩に提供される必要がある。実際のところ、一つの社会では、「選良」として社会の運営や管理に携わることが要請されるのは、極めて少数の人々でしかない。大多数の人々は、自らの技能に依りつつ、日々の営みを続けている。そして、現下の

「不平等社会化」への懸念が「富を獲得する機会が狭められることへの不安」に根差しているのであれば、有名私立幼稚園から高等学校、大学を経て、「W雇上」に至る「経路」の他に、人々が「富を獲得する機会」を手にするための「経路」は、幾重にも用意しておく必要があるわけである。それは、あえていえば、「選良」養成のための「一見して、実際の役に立たない」枠組に対して、「中流階級」のための「明らかに実際の役に立つ」枠組を明確に用意すべきだということである。従来の我が国の教育の最たる失敗は、この二つの枠組の区別を曖昧にしていたことである。佐藤助教授が示した「カリスマ美容師のシステム」を教育制度の上から支える試みが、今や求められているのである。

この点、具体的にいえば、「専門学校」と呼ばれる専修学校「専門課程」の役割は、今後、重いものになるであろう。現に、「専門学校」は、調理、服飾、福祉、会計、語学、デザイン、コンピューターなどの分野で多彩な教育の枠組を用意しているのであるから、義務教育修了直後の人々が、「専門学校」に進路を求めても何ら不都合はないはずである。

しかしながら、目下、義務教育修了直後に「専門学校」に進むという選択肢が考えられないのは、学校教育法上、「専門学校」の入学資格要件が「高等学校卒業程度の学力」と規定されているからである。もし、中学時代に、シェフやファッション・デザイナーになりたいという「志」を抱いた若者がいたとしても、彼らが自らの「志」に沿った教育を受けるためには、高等学校三年の歳月を経なければならない。大体、シェフやファッション・デザイナーとしての才能を開花させるのに、微分・積分や行列・ベクトルのような高等数学の知識が必要であるとは誰も考えないであろう。また、たとえば松井秀喜や中村紀洋のようなバッターが、物理学上の弾道計算の知識に基づきホームランを打っているとは、到底、考えられまい。にもかかわらず、そのような不合理は、「せめて高校ぐらいは出ておかなければ……」という世の「奇妙な常識」に縛られたまま、放置されている。そのことが、幾多の若者の「志気」や「気概」といったものに悪しき影響を及ぼしたとしても、私は何ら驚かない。

しかも、現在の我が国では、高等学校進学という選択肢を採らなかった人々が、自らの才能を開花させるための枠組は、極めて貧弱である。たとえば、北海道札幌市には、六十校の専修学校が設置されているけれども、中学卒業段階で入校できる「高等課程」を置いているのは、その中の八校に過ぎない。札幌市内には高等学校が公立と私立を併せて六十余校設けられていることを踏まえれば、そのことは、中学卒業後の進路が、就職する場合を除けば、高等学校に進学する以外にはないということを示している。現在の我が国には、「高等学校を卒業しなければ何もできない社会」が出現しているのであり、これが、高等学校進学率九割と呼ばれる現象の「実態」なのである。そして、偏差値や「普・商・工・農」という言葉に表される高等学校の「格差」は、その後の「W雁上」や「B雁下」といった「格差」に結び付き、「不平等社会化」と称される現下の情勢を下支えしているのではなかろうか。

それ故、現行学校教育法を改正し、中学卒業段階で「専門学校」に入れる仕組を構築することが、当座の措置として採られなければならないであろう。それは具体的には、学校教育法上、「高等課程」「専門課程」「一般課程」と分かれている専修学校の枠組を一本化し、高等学校に並立する教育の枠組として位置付けるということである。もし、「人々の個性に応じた教育」を本気で構想するのであれば、このようなことは意識的に進めるべきことなのではないか。

従来、割合、無邪気に喧伝されてきたのは、「人間には無限の可能性がある」ということであった。しかし、社会関係という視点から見る限り、人間は、結局のところは、特定の「階級」に属しつつ、所定の「社会的な役割」を引き受けて活動する他はない存在なのではなかろうか。そうであるならば、人々が自ら属しようとする「階級」なり引き受けようとする「社会的な役割」なりに即して、それに相応しい作法、知識、技量、あるいは見識を身に付けるための仕組は、意識的に準備されていて然るべきではなかろうか。我が国の従来の教育は、「個性の尊重」や「多様性の擁護」といったことを自明の大義に据えていたようでありながら、このような多彩に行われるべき「階級の作法」の伝授ということには、余りにも無頓着であったのである。

階級の作法

現在、テレビ朝日系列で放映されているバラエティ番組「人気者でいこう！」には、最近までは、「芸能人格付けチェック――お前たちは果たして何流芸能人なのか」というコーナーがあった。毎回、四、五名の「一流芸能人」が招かれ、次々と課題を与えられていく。その課題とは、たとえば、「一本十万円の高級ワインと数千円程度のテーブル・ワインを飲み分けることができるか」、「名品とされるヴァイオリンと入門者用のヴァイオリンの音色を聞き分けることができるか」、あるいは「プロ写真家が撮った写真と素人が撮った写真が見分けられるか」といった具合である。「一流芸能人」と目された人々が、この課題の答えを間違えると、司会役のコメディアンや俳優が、「化けの皮が剝がれましたね……」とか「上等なものを食べていないのでしょうね……」といった茶々を入れる。そして、誤答が度重なれば、「一流芸能人」は、その都度、「普通芸能人」「二流芸能人」「三流芸能人」「映す価値なし（芸能人としては論外）」と烙印を押され、それに応じて、番組中での待遇も悪くなっていく。これが、番組の趣旨である。

無論、これは、他愛のないバラエティ番組の話である。しかし、私がこの番組を敢えて紹介したのは、そこに「階級」の意味を考える際の材料があるからである。この番組は、「『一流の芸能人』と呼ばれるからには、これくらいのことは心得ているはずだ……」という想定が、番組構成上の前提になっている。そして、その想定を幾多の芸能人が裏切ることを「お笑い」の題材にすることによって、番組が成立している。それは、それぞれの「階級」に属する者として相応しい作法や見識、即ち「階級の作法」を弁《わきま》えていなければ、周囲からの揶揄や嘲笑に曝されることを示している点では、紛れもなく「階級」の意味を物語っている。「階級」とは、前に触れたように、「生活の流儀や社会への態度に関して一定の共通諒解を有している人々の集団」であるのであれば、その「共通諒解」を有しない人々が「階級」の外にあるとされるのも、当然のことなのである。

然るに、私は、現下の我が国の閉塞状況を打破する方策は、正面切って「階級社会」を目指すことであると考えている。「……であれば、これくらいのことは心得ているはずだ」という「階級」の論法は、逆にいえば、「これくらいのことを心得ていれば、……であると認める」という論法でもある。人々は、社会の中で生きている限りは、自らの位置を確認するための指標を必要とするものであるし、そのような指標の一つこそが、「階級」に他ならない。

そして、我が国の社会は、どの「階級」に属しているかというよりは、それぞれの「階級」の中で、どれだけ精励しているかによって、人々の価値が判断される社会であったのではないか。戦後半世紀余りの時間を経て、われわれは、新たな「階級社会」の持つ意義と可能性に付いて、議論を深めるべき時期に差し掛かっているのではなかろうか。

『中央公論』二〇〇一年一月号

平等感ある社会へ

山崎正和《やまざきまさかず》（劇作家）

経済構造の大きな変貌《へんぼう》を受けて、ようやく日本でも平等社会の神話が崩れ、貧富の差の拡大を問題にする意識が芽生えてきたようである。本年（二〇〇〇）五月号の『中央公論』が「『中流』崩壊」という特集を行い、符節をあわせるように、同じ月の『文藝春秋』が「新・階級社会ニッポン」と題するレポートを載せている。

『文藝春秋』の記事は、近年のベンチャー・ビジネスの隆盛に乗って、新しく生まれた成功者の姿を紹介している。業種は投資情報や企業コンサルタントなど、従来の大企業勤務の枠外にあるものが多い。年収も資産も破格に豊かで、暮らしぶりも絵に描いたようなアメリカ風である。対照的に、かつての中流俸給生活者の没落がめだち、失業、減給に襲われないままでも、能力給の競争に脅かされている。一般に、所得の不平等度を示すジニ係数は明白に高まり、生活保護世帯も九〇年代後半に二倍近くまで増えたという。

『中央公論』の特集も多くの統計を含んだ論文を集め、昨今の日本では「結果の平等」だけでなく、「機会の平等」さえ危うくなったと警鐘を鳴らす。企業では上級管理職の子が上級職に就く率が高まり、子が親の社会的地位を超える可能性が減っている。巷《ちまた》では若者が努力の報われなさをかこち、資産家の子には勝てないと自棄的になっている。教育に金がかかるだけでなく、親の教育への熱意も社会的地位に比例するから、次世代の富の格差はますます再生産されるはずだという。

これが行き着く先には米国社会があるわけだが、ここでは七三年から経済が二倍に拡大し、一人当たりの生産性も七割もあがったのに、中位所得の世帯数は増えず、賃金は逆に一割近くも低下した。上位五％層と下位二〇％層の世帯所得の差は、六八年の六倍弱から九八年の八倍強に拡大した。金融資産にいたっては、最上位一％の富裕層が全国民の富の半分を保有しており、その格差は増すばかりだという。問題なのはここでも有能な若年層の所得が伸びず、努力が成功を呼ぶという「アメリカの夢」が翳り始めたことである。

とくに注目されるのは、話題のIT革命が不平等の解消には役立たず、むしろ悪化させる重大な要因と考えられていることである。

情報技術は人間の知的労働を代替して、低賃金の未熟練労働者を使う道を開き、中途半端な専門家を無用のものにする。情報技術そのものの専門家も国際競争にさらされ、中程度の技術者は途上国の労働力に置き換えられる。一方、独自のアイデアを開発した少数の成功者は、これまで以上に莫大《ばくだい》な報酬を約束される。技術習得の難しさが「デジタル・ディバイド」(情報格差)を招く不安とあいまって、IT社会にはより深刻な階層化が予想されるという。

一読して現状の趨勢《すうせい》は明らかだが、しかしその意味を考えるとなると、これが意外に難しいことに気づかされる。論者たちの分析にも前提に矛盾があったり、概念の混乱がめだったりする。こうした報告に触れると、はしなくもわれわれがまだ不平等とは何か、どんな意味でそれが問題なのかという、確かな哲学を持ちあわせていないことに気づくのである。

議論が曖昧《あいまい》になるのは、第一に不平等が純粋に客観的な事実ではなく、たぶんに感覚的な社会通念の問題だからである。現に富の格差は日本より大きいのに、アメリカで不公平を嘆く声がとくに高いとは聞かない。逆に日本の新興富裕層が世間の目を気づかい、嫉妬《しっと》の少ないアメリカ社会を羨《うらや》んでいるらしい。

しかも一論者によると、過去の日本が平等だったという常識も不正確であり、統計上の錯覚が加わっていたという。だとすれば今、にわかに格差拡大を騒ぐのがおかしいばかりか、本来この問題は人が騒ぐから生み出され、実際以上に増幅される問題だということになる。

さらに現代の日本が過渡期にあって、性質のあい反する事態が重なって進行していることが、認識を混乱させる。たとえば、子が親の社会的地位を超えられないという嘆きは、明らかに旧来の企業社会の階層に着目しての話であって、従来の上級職がこれからも富裕であることを前提にしている。これに対して、新興富裕層が格差を広げているという話は、そうした企業内階層が崩れつつあるという認識にもとづいている。一方で重役の子が重役になることが問題視され、他方ではその重役が失業することが脅威とされている。その両方がまさに現代だとすれば、不平等を論じることが難しくなるのは当然だろう。

さらに現代人には平等について固定観念があって、誰しも「結果の平等」と「機会の平等」の区別を口にするが、この概念がまた曖昧このうえもないものである。『中央公論』の筆者たちがそうであるように、多くの自由経済論者は「機会の平等」の信奉者でもあって、これに社会保障をつけ加えれば、競争社会の公正は保たれると信じている。努力すれば報われるのが公正な社会であり、努力が純粋に効果をあげるためには、その前の条件は平等にせねばならない。親の地位や財産や偏見による差別はできるだけ排除して、個人の能力のみを発揮させる社会を築こうと考える。

だが現実には、偏見の排除は別として、競争条件の平等化はあくまで部分的にしか実現できない。現に親の地位や財産は制限するとしても、親から継いだ能力の遺伝子はどう考えるべきか。歴史が偶然に決める地の利や時の利、文明の環境との巡りあわせはどうすればよいのか。この疑問はポスト工業時代の人類にとっては、けっして理屈の遊びではない。親から土地や金銭を相続するより、数学の才能と想像力を受け継ぎ、偶然このIT時代に生まれあわせた子供の方が、競争社会の勝利者になれるのである。

「機会の平等」は真摯《しんし》な目標だが、同時にこれが到達不可能な目標であり、軽信できないことを見切っておかないと深刻な不幸を招く。へたをすると自虐的な努力地獄をつくり、古い「会社人間」のように、成果より努力を高く買う非生産的な風潮を養うだろう。さらにある日これに裏切られたことに気づいたとき、人は虚脱感とやり場のない怨恨《えんこん》に駆られるにちがいない。

すでに「結果の平等」は慎《つつ》ましく、敗者に安全ネットを設けるところまで目標を縮小した。今や「機会の平等」も正直に、それが実は「希望を抱く自由」、「試みる自由」にすぎないことを認めるべきなのである。

こう考えると、人類にとって平等は実現できないばかりか、あるいは不必要な価値ではないかという疑いも芽生えてくる。もちろん極端な貧困者を生まないために、一定の所得再配分は不可欠だし、不正な蓄財を防止すべきこともいうまでもない。だがそのうえで必要なのは、じつは格差のない社会ではなく、人が不平等を痛感しない社会であり、自己蔑視《べっし》や他人への嫉妬に苛《さいな》まれない社会ではないだろうか。そしてもしそうだとすれば、われわれは二つの予想によって、未来に多少の希望を抱くことができるかもしれない。

第一の予想は、二十一世紀の富裕層が従来にまして不安定であり、はかない偶然に支配されるということである。先端を切る知識産業は、内容が投機であれ企画や発明であれ、人知では計れない運命に左右される。固定資産と巨大組織に基礎をおいて、成功すれば果実を維持しやすい工業社会の富裕層とは違うのである。

ベンチャーは文字通りの冒険であり、情報の創造は芸術制作と同じように成功の持続を保証しない。しかも工業の大企業のなかでも今後は能力主義が強まるとすれば、今日の勝者が明日の敗者になる危険は高まる。このことは将来の富裕層を謙虚にしないまでも、少なくとも、彼らを見る世間の嫉妬の目をやわらげることを予想させるだろう。

第二の予想は、現在のサービス産業がさらに多様化し、とくに消費者に触れる対人職業が隆盛を見せるだろうということである。流通や娯楽、医療や教育の現業部門、製造業なら商品の修理や保全を行う部門、伝統的な職人仕事と呼ばれる職業がこれにあたる。拙著『大分裂の時代』に詳しく書いたが、市場の世界化、巨大化が進むほど、不安な消費者は信用を求めて身近な小市場に頼ることが考えられる。

物資消費から時間消費へ移る昨今の嗜好《しこう》の趨勢も、対人サービスの需要を増大するだろう。さらに環境、資源保護の点から見ても、商品の修理や保全、リサイクルへの要求は強まるだろうし、それに応《こた》えるには個別的なきめ細かなサービスが必要になる。

こうした対人職業の特色は、それが顔の見える人間関係をつくり、そこで消費者の評判を感じ、他人の「認知」に励まされて働く職業だという点である。仕事によって小共同体を組織し、情緒的にも帰属感を覚えやすい職業だということである。人間はたんに所得によってではなく、他人の認知によって生きがいを覚える動物であった。本来、嫉妬や自己蔑視の原因は、しばしば富の格差よりも、何者かとして他人に認められないことに根ざしていた。

これに対して、二十世紀の大衆社会は万人を見知らぬ存在に変え、具体的な相互認知を感じにくい社会を生んだ。隣人の見えにくい社会では、遠い派手な存在が目立つことになり、これが人の目を「富裕層」や「特権階級」にひきつける結果を招いた。ジャーナリズムの扇情も手伝って、嫉妬の対象がたえず再生産される構造が生まれたのである。

こう考えれば今、急がれるのは社会の「視線」の転換であり、他人の注目を受ける人間の分散であることがわかる。普通の人間が求める認知は名声ではなく、無限大の世界での認知ではない。むしろ人は自らが価値を認め、敬愛する少数の相手にこそ認められて幸福を覚える。必要なのは、それを可能にする場を確保することである。

そしてそういう場の可能性も見え始めている現在、残るは社会の価値観の一層の転換であろう。サービス産業の中で高度情報技術だけが注目される世論を改め、多様な対人職業のイメージを高めることである。すでにそれは料理人のような職業では見られることであるから、さまざまな教育手段によってこの転換を助けることは夢ではないはずである。

『読売新聞』二〇〇〇年五月二十九日

La Clef
Chuko Shinsho

中公新書ラクレ　1

論争《ろんそう》・中流崩壊《ちゅうりゅうほうかい》

2001年3月15日印刷
2001年3月25日発行

「中央公論」編集部　編

発行者　中村　仁
発行所　中央公論新社
〒104-8320
東京都中央区京橋2-8-7
電話　販売部　03-3563-1431
編集部　03-3563-3666
振替　00120-5-104508

本文印刷　三晃印刷
カバー印刷　大熊整美堂
製　本　小泉製本

定価はカバーに表示してあります。
落丁本・乱丁本はお手数ですが小社販売部宛にお送りください。送料小社負担にてお取り替えいたします。

ISBN4-12-150001-6 C1236

中公新書ラクレ刊行のことば

世界と日本は大きな地殻変動の中で21世紀を迎えました。時代や社会はどう移り変わるのか。人はどう思索し、行動するのか。答えが容易に見つからない問いは増えるばかりです。1962年、中公新書創刊にあたって、わたしたちは「事実のみの持つ無条件の説得力を発揮させること」を自らに課しました。今わたしたちは、中公新書の新しいシリーズ「中公新書ラクレ」において、この原点を再確認するとともに、時代が直面している課題に正面から答えます。「中公新書ラクレ」は小社が19世紀、20世紀という二つの世紀をまたいで培ってきた本づくりの伝統を基盤に、多様なジャーナリズムの手法と精神を触媒にして、より逞しい知を導く「鍵《ラ・クレ》」となるべく努力します。

2001年3月